Vaincre
les allergies

© MCMXCVII, Element Books Limited
Paru sous le titre original de : *The Natural Way: Allergies*

Version française publiée par :
Les Publications Modus Vivendi inc.
3859, autoroute des Laurentides
Laval (Québec)
Canada
H7L 3H7

Dépôt légal, 1er trimestre 2003
Bibliothèque nationale du Québec
Bibliothèque nationale du Canada
Bibliothèque nationale de Paris

ISBN: 2-89523-169-9

Mot de l'éditeur

Les livres de cette collection sont publiés à titre informatif et ne se veulent aucunement des substituts aux conseils des professionnels de la médecine. Nous recommandons aux lecteurs de consulter un praticien chevronné en vue d'établir un diagnostic avant de suivre l'un ou l'autre des traitements proposés dans cet ouvrage.

Vaincre
les allergies

Moira Crawford

Consultants médicaux de la collection
Dr Peter Albright, m.d. et Dr David Peters, m.d.

Approuvé par
l'AMERICAN HOLISTIC MEDICAL ASSOCIATION
et la BRITISH HOLISTIC MEDICAL ASSOCIATION

MODUS VIVENDI

Table des matières

Illustrations

Préface

Environ dix pour cent des gens consultent un médecin pour des problèmes reliés aux allergies ou aux intolérances. Or, ce pourcentage risque d'augmenter dans les années à venir à cause de la variété toujours plus grande de substances auxquelles nous sommes exposés et auxquelles les humains peuvent devenir sensibles. L'allergie est une «maladie de civilisation classique», parce qu'afin de rendre nos vies plus confortables, nous avons fabriqué de plus en plus de produits auxquels nos corps peuvent réagir. L'éventail des substances va de la pollution industrielle, aux voitures, aux aliments et aux produits chimiques employés dans nos maisons. De plus, au cours des 50 dernières années, notre diète a changé du tout au tout. Avant, nous mangions les mêmes aliments que nos grands-parents et nos arrière-grands-parents; maintenant, avec l'alimentation rapide, la crème glacée et les plats importés et manufacturés, nos corps doivent apprendre très rapidement à digérer des types d'aliments complètement différents. Rien de surprenant à ce que nos corps aient de la difficulté à s'ajuster. La vie moderne génère aussi du stress et des gens dont les allergies ou l'intolérance sont contrôlées auront des réactions lorsque soumis à la pression.

L'allergie frappe différemment selon les personnes: des symptômes de fièvre des foins, plutôt simples à détecter, qui se manifestent après une promenade au parc par une journée ensoleillée — une vraie allergie — jusqu'aux symptômes plus vagues pour lesquels il est difficile de trouver une cause commune et souvent décrits comme étant une intolérance. Pour ceux qui souffrent de multiples allergies et intolérances, cet état peut être débilitant et apporter beaucoup de restrictions à leur style de vie. Des effets émotionnels aussi bien que physiques se manifestent souvent; beaucoup de gens allergiques ou souffrant d'intolérances deviennent anxieux ou déprimés, en plus de souffrir des symptômes d'allergie ou d'intolérance.

La médecine conventionnelle a mis au point plusieurs traitements efficaces pour l'allergie, mais ceux-ci sont orientés sur le contrôle des symptômes, sans traiter les causes sous-jacentes. Si le traitement est interrompu, l'allergie réapparaît, parfois plus forte.

Les praticiens en périphérie de la médecine voient les allergies et les intolérances dans un contexte élargi, comme un signe extérieur d'un déséquilibre interne ou d'une déficience du corps. Une diète particulière ou des thérapies physiques comme l'acupuncture, l'homéopathie ou l'ostéopathie visent à corriger les déséquilibres et à fortifier le corps pour lui permettre de commencer le processus d'auto-guérison. Les thérapies en relation avec l'esprit et les émotions, telles que la méditation ou la visualisation, aident les personnes souffrantes à redresser la spirale descendante des émotions afin d'adopter une attitude positive envers la vie et d'améliorer leur propre bien-être.

Dans l'allergie, peut-être plus que dans tout autre problème de santé, la personne souffrante est la mieux placée pour s'aider. Vous pouvez faire beaucoup pour identifier vos propres déclencheurs, réduire les contacts avec eux et améliorer votre santé. Le but de ce livre est de vous donner l'information et les outils pour commencer à vous guérir et pour savoir où aller si vous avez besoin d'aide. En prenant le contrôle, vous serez dans la bonne voie pour solutionner le problème.

Moira Crawford

CHAPITRE 1

Qu'est-ce que l'allergie?

Le fameux Snoopy a dit un jour: "Je suis allergique aux matins." Nous savons tous ce qu'il voulait dire. Quand nous entendons des gens dire qu'ils sont «allergiques» à toutes sortes de choses, le pollen, les oeufs, les fruits de mer, les produits détersifs, nous comprenons qu'un aliment ou une substance en particulier leur est contraire. Le mot allergie a une large signification de nos jours, à partir de la réaction grave, aux arachides par exemple, mettant la vie d'une personne en danger, jusqu'au déplaisir que peut causer un aliment ou un produit.

Depuis 30 ans, il y a eu une augmentation incroyable de la quantité de maladies d'origine «allergique» rapportées dans le monde et l'épidémie s'accélère. L'allergie présente des formes variées, il est donc impossible d'élaborer une liste rigoureuse de symptômes. Cependant, l'asthme, l'eczéma, la fièvre des foins, les éruptions cutanées ou l'urticaire sont causés par des allergies ou des intolérances aux aliments, aux substances respirées dans l'air ou à celles qui touchent notre peau. Toutes ces affections sont en hausse, surtout dans les régions industrialisées et développées du monde.

Aux États-Unis, certains médecins disent que jusqu'à 60 pour cent de la population souffre de symptômes reliés à des intolérances alimentaires et que près de sept pour cent a de l'eczéma. Dans le monde occidental, environ 30 pour cent de la population a des tendances allergiques, c'est-à-dire qu'elle est fragile aux allergies, et que probablement une personne sur quatre connaîtra une allergie à un certain moment de sa vie. Par comparaison, dans les pays moins développés, l'asthme et la fièvre des foins sont moins connus. La recherche prouve que l'environnement que nous avons créé contribue de plus en plus à notre mauvaise santé. D'après les chiffres de l'Institut national du coeur, des poumons et du sang aux États-Unis, près de 12,4 millions d'Américains souffrent d'asthme, ce qui est presque le double par rapport aux 6,8 millions des années 80. Plus de quatre millions de ces personnes ont moins de 18 ans.

N'importe qui peut devenir allergique, à presque tout, et le niveau de gravité de l'allergie peut aller de l'ennui mineur au danger grave pour la santé. Une personne allergique au caviar, par exemple, ne sera pas très limitée dans sa liberté si elle n'en consomme pas, alors qu'une autre qui est très allergique à des aliments courants, comme les oeufs ou les produits laitiers, doit être très attentive aux aliments préparés par une autre personne, parce que ces produits contraires peuvent être cachés dans les gâteaux, les sauces et autres plats. Dans un magazine féminin du Royaume-Uni on rapporte le cas d'une femme dont l'organisme réagissait violemment au caoutchouc et qui vivait dans la terreur constante du danger caché que constituaient les bandes élastiques, les sièges rembourrés avec de la mousse de caoutchouc, les tapis de baignoires, les boyaux d'arrosage et même la possibilité de respirer des particules de caoutchouc des pneus de voitures, lorsqu'elle marchait dans la rue. Cette allergie et l'anxiété qui en a résultée lui fit perdre son emploi et la confina à une vie très limitée.

Définir les allergies

Une allergie se manifeste lorsque le corps devient hypersensible à une substance, aliment ou autre, et que le système immunitaire réagit excessivement chaque fois qu'il est en contact avec cette substance. C'est une réaction défensive exagérée du système immunitaire du corps à une substance qui est normalement sans danger. Pour comprendre ce mécanisme, nous devons d'abord expliquer le rôle du système immunitaire et comment il devient impliqué dans une réaction allergique (voir l'encadré).

Le système immunitaire et l'allergie

Le système immunitaire est le mécanisme de défense du corps et il est vital dans la protection contre les infections. Lorsqu'un organisme externe, comme un virus ou une bactérie, pénètre dans le corps, le système immunitaire se met en branle et utilise une série de défenses pour combattre l'infection. L'enflure, la rougeur et la fièvre sont les signes typiques d'une bataille entre les défenses du système immunitaire et l'envahisseur appelé antigène; elles sont une indication saine que le système immunitaire fonctionne. Dans l'allergie cependant, ce dernier devient hypersensible. Il réagit excessivement à une substance non dangereuse en elle-même, comme la poussière, le pollen ou un aliment. Il faudra peut-être plus d'un contact avec la substance pour

---

que l'allergie se déclenche, mais le système se méprend et croit que la substance est un ennemi, un allergène; il fait alors appel aux lymphocytes, un genre de cellules blanches du sang, qui vont créer des anticorps pour combattre l'envahisseur. Après le premier contact, un type de lymphocyte, la cellule B, mémorise l'allergène afin de créer des anticorps rapidement s'il revient. Ce processus s'appelle la sensibilisation et signifie que dorénavant la personne allergique réagira chaque fois qu'elle sera en contact avec cette substance. L'anticorps le plus souvent créé dans l'allergie est l'immunoglobuline E ou IgE. Il se fixe aux leucocytes logés dans la peau, le nez, la bouche, la gorge et le système gastro-intestinal ainsi qu'aux basopiles (cellules blanches) du système sanguin. Lorsque l'allergène réapparaît, l'IgE active les leucocytes et déclenche l'émission de substances chimiques, surtout l'histamine, qui causent des réactions immédiates telles que l'éternuement, l'irritation des yeux et le larmoiement, les éruptions cutanées, les picotements, les vomissements ou la diarrhée, selon l'allergène et la réaction de la personne.

Les personnes atopiques qui ont des prédispositions génétiques ou héritées envers l'allergie (voir plus bas) ont des taux de IgE plus élevés que la normale, ce qui les rend plus vulnérables que d'autres aux réactions allergiques de tous ordres.

La réaction à l'allergie est généralement immédiate. Dans les cas de fièvre des foins ou d'asthme allergique, la réaction se fait sentir quelques secondes après l'exposition à l'allergène. Les aller-

gies affectent la peau ainsi que les systèmes respiratoire et gastro-intestinal. Dans une réaction typique
de fièvre des foins, par exemple, le système immunitaire déclenche de l'histamine, provoquant les symptômes classiques du nez et des yeux qui coulent,
l'éternuement, l'irritation et les démangeaisons.

Les allergènes communs

Pollen et moisissures
Piqûres d'insectes
Certains aliments, surtout les oeufs, les produits
laitiers, le poisson, les noix, les fruits citrins,
certaines céréales et le café
Excréments des mites de poussière domestique
Poils ou pellicules d'animaux domestiques
Produits chimiques domestiques ou industriels
Certains médicaments (ex.: pénicilline, aspirine)

Il y a deux types principaux de réaction cutanée à
l'allergie. L'eczéma dû à une allergie (appelé aussi
dermatite atopique) survient chez les gens qui
produisent trop d'immunoglobuline E (IgE) les
rendant sensibles à un certain nombre d'allergènes.
L'eczéma peut rendre l'épiderme très sec et causer
des démangeaisons, phénomène fréquent chez les
enfants, mais dont heureusement plusieurs réussis-
sent à se débarrassser.

L'eczéma de contact, plus fréquent chez les
adultes, est causé par une allergie particulière sti-
mulée par le contact avec certaines substances.

Un autre genre de réaction cutanée, de causes
diverses, est l'urticaire qui peut durer de quelques
heures à plusieurs jours. Avec l'allergie alimentaire
classique, la réaction est souvent rapide et accompa-

gnée de vomissements, de diarrhée et de douleurs abdominales (estomac).

L'anaphylaxie est une manifestation aiguë de ce genre de réaction allergique, elle est généralisée, hors de contrôle et s'attaque au corps en entier. Elle peut être fatale si elle n'est pas traitée adéquatement et immédiatement (voir l'encadré). L'allergie aux arachides, qui en est un exemple, est maintenant fréquente aux États-Unis.

Anaphylaxie

L'anaphylaxie peut se produire lors d'une réaction allergique extrême. Cette réaction possiblement mortelle s'attaque au corps entier et peut se déclarer en quelques minutes, si la personne est excessivement sensible. Les noix, particulièrement les arachides, ont récemment été identifiées dans les cas de mortalités dues à l'anaphylaxie, mais d'autres aliments peuvent être en cause, de même que des médicaments ou des piqûres d'insectes. Les symptômes sont les suivants: urticaire (éruption) important couvrant tout le corps, enflure de la gorge, difficulté à respirer, nausée, vomissements, chute soudaine de la pression sanguine et perte de conscience. L'anaphylaxie peut être fatale et requiert une attention médicale immédiate, avec injection d'adrénaline.

Ces genres d'allergie sont fréquentes dans l'enfance et l'adolescence mais elles peuvent se résorber vers l'âge adulte. Elles sont habituellement assez faciles à identifier parce que le déclencheur de l'allergie précède de peu la réaction.

Symptômes d'allergies

Respiratoire: fièvre des foins, rhinite, asthme

Yeux: Conjonctivite

Peau: Éruption, démangeaison, enflure (oedème)

Gastro-intestinale: Vomissement, douleur abdominale, diarrhée

Générale (dans les cas extrêmes): anaphylaxie (enflure des muqueuses et difficulté respiratoire, choc allergique)

Définir les intolérances

Par définition, une allergie implique une réponse immunitaire à l'allergène, mais d'autres réactions, particulièrement aux aliments, sont appelées pseudo-allergies, sensibilités ou intolérances.

Certains aliments déclenchent des réactions ou contiennent des substances qui, d'une certaine façon, sont nocives pour le corps. La maladie coeliaque, une intolérance à la protéine gluten qui se trouve dans le blé, le seigle, l'orge et d'autres céréales, peut être due à un dommage à l'intérieur de l'intestin causé par la nourriture et qui empêche l'absorption naturelle des nutriments. Un aliment peut contenir un certain composé chimique mal toléré, tel que l'histamine trouvée dans les produits fermentés comme le fromage ou certains poissons. Ici l'histamine agit directement sur le corps, plutôt que d'être créée par celui-ci comme c'est le cas lors d'une réaction allergique.

La caféine présente dans le café, le cola, le thé, le chocolat et certains analgésiques agit sur le système nerveux et est défavorable à certaines personnes plus qu'à d'autres.

L'hyperactivité des enfants peut être causée par l'intolérance à des additifs alimentaires. La tartrazine, colorant alimentaire jaune, est celui qui cause le plus de problèmes d'intolérance et de comportement.

Parfois, le problème naît d'une carence chez l'individu, certaines personnes ne possédant pas les enzymes nécessaires à la modification des aliments. La déficience de lactase, nécessaire à la digestion du lait et des produits laitiers, cause une intolérance au lait.

La sensibilité à d'autres substances comme les détersifs, les produits chimiques et la poussière dans l'environnement de travail peut être due à leur concentration; la peau et les voies respiratoires peuvent tout simplement être irritées par leur trop grande présence.

Le «syndrome de l'intestin qui fuit» devient de plus en plus accepté et reconnu comme étant une cause possible des intolérances alimentaires (voir l'encadré).

Le syndrome de l'intestin qui fuit

Les praticiens considèrent ce syndrome comme étant à l'origine de beaucoup de problèmes, entre autres certaines formes d'arthrite, qui au départ n'apparaissaient pas liés à une intolérance. Comme son nom l'indique, l'intérieur de l'intestin est irrité, soit par une allergie, soit par un emploi trop fréquent d'antibiotiques, et devient perméable. Il en résulte une échappée de protéines à demi digérées dans le système sanguin. Le corps peut difficilement assimiler ces protéines et si certaines d'entre elles sont similaires aux protéines retrouvées naturellement dans le corps, elles peuvent devenir des déclencheurs chimiques qui, entre autres, produisent des contractions musculaires dans les vaisseaux sanguins (causant la migraine, par exemple) ou dans l'intestin (causant des irritations intestinales). De plus, mais la recherche ne l'a pas encore démontré, plusieurs praticiens non médicaux croient que si les protéines ne peuvent être éliminées de façon naturelle (par l'urine et les selles), elles vont se manifester dans les autres organes et provoquer de l'inflammation. Ceci se produit surtout aux articulations, dans la peau, aux points faibles; les naturopathes ainsi que les thérapeutes en nutrition pensent que cette inflammation amène de l'arthrite allergique. Une thérapie diététique et les probiotiques qui permettront à l'intestin de guérir peuvent alors avoir des résultats étonnants.

Les intolérances sont beaucoup plus difficiles à diagnostiquer que les allergies. Ces dernières peuvent être détectées par des tests de peau ou de sang qui démontrent l'implication du système immunitaire. Les tests sur les causes des intolérances, cependant, sont moins concluants et demeurent controversés aux yeux de la médecine scientifique.

Au tout début, les intolérances ne sont pas reliées à un allergène, parce qu'elles sont souvent causées par une substance qui se retrouve quotidiennement dans l'environnement de la personne atteinte. Souvent, les symptômes ne seront pas reliés les uns aux autres et dans les cas de sautes d'humeur, d'anxiété ou d'oubli, ils peuvent sembler plus émotionnels que physiques. Par ailleurs, il existe de plus en plus de maladies, comme le syndrome de la fatigue chronique et le syndrome du côlon irritable qui ont des symptômes chroniques apparemment non reliés entre eux. Certains praticiens ont réalisé que ces situations pourraient être causées par des intolérances.

Symptômes d'intolérances

Un large éventail de symptômes peuvent être causés par une intolérance. Les symptômes énumérés ici sont les plus fréquents et il est difficile de les relier à une raison biochimique. Plusieurs des symptômes sont émotionnels et ils peuvent être issus d'un problème autant holistique que cellulaire, concernant la personne entière, corps et âme, plutôt qu'une partie de cette dernière. Ces réactions peuvent jouer un rôle en causant:

Asthme
Ballonnement, gaz et douleurs stomacales
Fatigue et léthargie
Sautes d'humeur
Fringales
Troubles du sommeil et insomnies
Dépression ou anxiété
Manque de concentration
Étourdissement
Perte de mémoire
Prise de poids
Enflure des articulations
Maux et douleurs
Fièvre des foins
Éternuement
Démangeaison

Eczéma
Peau sèche
Perte de cheveux
Respiration sifflante, toux, rhumes fréquents
Urticaire à répétition
Muguet (candida albicans)
Cystite
Constipation et / ou diarrhée
Ulcères bucaux

Qui souffre d'allergies ou d'intolérances?

Il n'y a pas de règle sur la possibilité de développer ou non des allergies ou de l'intolérance, mais certaines personnes sont plus à risque. Un facteur important dans l'évolution d'une vraie maladie allergique, c'est la prédisposition génétique ou héritée à l'allergie, désignée sous le nom d'«atopique». Atopique signifie une tendance familiale qui augmente le risque pour une personne d'acquérir une ou des allergies. Si un parent est atopique l'enfant a près de 30 pour cent de possibilité d'être atopique aussi; si les deux parents le sont, le risque augmente à 60 pour cent. Plusieurs allergies sont reliées: par exemple, dans une famille, il n'est pas rare de voir plus d'un membre souffrir d'eczéma, d'asthme ou de fièvre des foins ou des trois à la fois.

Plusieurs personnes atopiques souffrant d'allergie alimentaire ou d'intolérance réagissent à plus d'un genre d'aliment et des membres de leur famille souffriront de la même manière. Les frères et les soeurs d'enfants atopiques ont plus de possibilités d'avoir des tendances allergiques. L'atopie se présente dans trois circonstances très banales:

- dermatite atopique (eczéma)
- fièvre des foins (rhinite, symptômes impliquant le nez, conjonctivite, yeux douloureux)
- asthme allergique.

Les allergies peuvent aussi «sauter» une génération, l'enfant héritant alors de la tendance allergique de ses grands-parents. Les garçons semblent être plus souvent atteints de l'asthme atopique, mais la différence de sexe n'est pas tranchée dans le cas des autres allergies.

D'autres facteurs peuvent entrer en ligne de compte dans la prédisposition à l'allergie, surtout le faible poids à la naissance. Les bébés petits et prématurés semblent être prédisposés aux allergies, probablement parce que leur système immunitaire n'est pas suffisamment développé pour prévenir le développement des sensibilités. La saison de la naissance ferait une différence aussi. Les bébés nés en hiver seraient moins sujets aux allergies, particulièrement l'asthme, probablement parce que les concentrations d'allergènes sont plus basses juste après la naissance lorsque le bébé est le plus vulnérable.

La fumée de cigarettes peut aussi causer des allergies. Si la mère fume pendant sa grossesse et que l'enfant est exposé à cette fumée après sa naissance, les possibilités d'allergies en sont augmentées d'autant. Les allergies occupationnelles augmentent sans cesse. Elles se manifestent lorsqu'une personne devient sensible à une substance se trouvant dans l'environnement de travail, souvent des particules en suspension dans l'air, poussière ou farine, vapeur chimique ou autre. De plus en plus, les professionnels de la santé découvrent qu'ils deviennent sensibles aux gants de latex qu'ils portent. Les coiffeurs développent une sensibilité aux teintures, shampoings et autres substances qu'ils manipulent couramment.

Les nourrissons et l'allergie

Les allergies chez les bébés et les jeunes enfants sont en hausse, ce qui s'avère particulièrement pénible et inquiétant pour les parents. Les crises d'asthme peuvent être fatales et une intervention médicale immédiate est requise, comme d'ailleurs pour n'importe quelle réaction aiguë, surtout l'enflure de la bouche qui peut signifier le déclenchement d'une réaction anaphylaxique.

L'eczéma procure des démangeaisons pénibles pour l'enfant; cela affecte aussi les parents qui essaient d'empêcher leur enfant de se gratter au sang. Le Chapitre 4 donne des trucs pratiques pour faire face à ce problème. À part les médicaments et les lotions calmantes, des solutions douces sont disponibles et elles peuvent aider à trouver les raisons sous-jacentes de l'allergie. Une façon efficace de traiter à la fois les problèmes physiques et émotifs des nourrissons ne pouvant s'exprimer verbalement, est l'ostéopathie crânienne et la thérapie sacro-crânienne (voir page 113). Les bébés de quelques mois peuvent aussi bénéficier des herbes chinoises appliquées en compresses, crèmes et lotions. Il est important, au préalable, de consulter un praticien qualifié.

Quelle que soit la cause de l'allergie ou de l'intolérance dont souffre votre enfant ou vous-même, la première étape est de trouver la nature de l'allergie en cause. Les chapitres qui suivent traiteront des symptômes de divers types d'allergies et d'intolérances et vous donneront des indices vous permettant de les identifier, de les tester, de les éviter, de traiter les symptômes, et si possible, de régler le problème sous-jacent. Avec de la patience et de la façon qui vous convient, vous atteindrez votre but à long terme qui est de fortifier votre organisme afin qu'il règle ses propres problèmes. D'ici là, cependant, le but premier est que vous, et non votre allergie, ayez le contrôle de votre vie.

CHAPITRE 2

Comment l'allergie affecte les gens

L'allergie affecte différentes personnes de différentes façons, c'est pourquoi le problème est si difficile à définir, à diagnostiquer et à traiter. On croyait auparavant que la réaction se situait «au point d'entrée» de la substance dans l'organisme: les allergènes inhalés causant les problèmes respiratoires et oculaires de l'asthme et de la fièvre des foins, les allergies alimentaires déclenchant les vomissements, la diarrhée et autres problèmes gastro-intestinaux. De la même façon, on pensait que toucher ou porter une substance à laquelle une personne était allergique, produisait de l'enflure ou une éruption au point de contact.

Mais ce n'est pas si simple. On sait maintenant que les allergies alimentaires et les intolérances peuvent causer des réactions dermatologiques et respiratoires et que le contact physique avec certaines substances peut aussi entraîner des problèmes respiratoires. Les allergies et les intolérances qui impliquent certains symptômes apparemment aléatoires peuvent parfois être causées par tous les genres d'allergènes, seuls ou en combinaisons, ce qui rend le tableau confus.

Fièvre des foins

La fièvre des foins, plus exactement la rhinite allergique, est un exemple classique de réaction aiguë subie régulièrement par les gens atopiques. Elle est à la hausse surtout dans les endroits densément construits, où la pollution et les émanations diminuent la qualité de l'air et augmentent les allergies.

Dans la fièvre des foins, lorsque l'allergène est inhalé, le système immunitaire reconnaît l'ennemi et induit les leucocytes à libérer les médiateurs chimiques, particulièrement l'histamine. Ceci produit des effets «en cascade» qui causent des éternuements et le nez qui coule. Le nez et parfois la voûte du palais déclenchent une démangeaison qui peut se propager à la gorge et aux oreilles. Si la personne est en contact avec une forte concentration d'allergène, par exemple un jour où l'air est de qualité médiocre ou le pollen abondant, son nez peut devenir congestionné et le mucus épais. Plusieurs personnes affligées de la fièvre des foins souffriront de maux de tête et d'un malaise général diffus. Cette situation se produit le plus souvent dans les mois d'été, lorsque la température est belle, et c'est particulièrement cruel pour les personnes affligées de devoir rester dans la maison pour éviter les symptômes.

La rhinite chronique est un genre de fièvre des foins qui se manifeste à l'année longue. Elle implique les mêmes réactions, mais peut être déclenchée par des substances sans relation aux saisons, par exemple les mites de poussière domestique (voir Chapitre 3).

Conjonctivite allergique

Cette conjonctivite souvent appelée «la fièvre des foins des yeux» est une affection oculaire reliée à la fièvre des foins. Dans la conjonctivite allergique, une fois que le système immunitaire est mis en branle, l'immuno-globuline E adhère à la surface des leucocytes se trouvant dans la muqueuse des yeux. Lorsque l'allergène se manifeste encore, la réaction allergique est déclenchée et certains éléments chimiques, y compris l'histamine, la prostaglandine et les cytokines sont relâchées. Les effets en sont un oedème des vaisseaux sanguins et une irritation des ramifications nerveuses optiques. Cela produit les «yeux rouges» typiques de la conjonctivite allergique. L'oeil peut être gonflé et souvent irrité, effets qui augmentent si on le frotte. Il se remplira aussi d'eau. Généralement les deux yeux sont affectés, mais le problème peut se manifester d'un seul côté, par exemple si un poil de chat est entré dans l'oeil.

L'asthme allergique

Il y a divers types d'asthme, pas tous reliés à l'allergie, mais l'asthme atopique ou allergique frappe les gens dont le système respiratoire est fragile. L'hypersensibilité bronchique peut être due à un certain nombre de facteurs, y compris le pollen, la poussière, la fumée de cigarette, les gaz d'échappement ou les vapeurs chimiques domestiques, comme les rafraîchissants d'air. On croit que l'allergie sous-tend le développement de cette hypersensibilité chez 80 à 90 pour cent des enfants et chez 50 à 60 pour cent des adultes asthmatiques en causant l'inflammation des voies respiratoires. Lors d'une crise, les bronches ou les voies respiratoires des asthmatiques se contractent dans un spasme (contraction involontaire des muscles), alors que de l'oedème (enflure de la muqueuse des bronches) et une production excessive de mucus se manifestent. Il en résulte une difficulté de respiration, surtout à l'expiration. C'est une situation angoissante qui, si elle n'est pas traitée rapidement, peut mettre la vie en danger.

L'asthme occupationnel est causé par une sensibilisation à une substance inhalée dans le milieu de travail. L'asthme s'aggrave au travail et pendant un certain temps après, mais une amélioration se produit durant les fins de semaine et les congés. Les symptômes se comparent à ceux de l'asthme atopique (allergique), avec une tendance cyclique d'amélioration et de détérioration. On pense qu'environ cinq pour cent de l'asthme est d'origine occupationnelle. Les travailleurs qui en sont affectés comprennent ceux des moulins à bois, à grain et à farine, les fermiers et les travailleurs de laboratoire, mais quiconque respire de la poussière ou d'autres particules au travail risque de rencontrer les mêmes problèmes.

Eczéma

Comme l'asthme, l'eczéma a des causes diverses et est souvent associé à l'allergie. Il est particulièrement fréquent chez les enfants de familles atopiques qui ont des taux élevés d'immuno-globuline E (IgE), les rendant fragiles à un certain nombre d'allergies.

L'eczéma atopique commence habituellement avant l'âge de deux ans et souvent dans les premiers mois de la vie. Cinq à 15 pour cent des enfants d'âge scolaire souffriraient d'eczéma atopique; heureusement, la situation s'améliore généralement lorsqu'ils vieillissent, bien qu'il y a risque de récidive chez les adolescents ou les jeunes adultes. Les gens ayant souffert d'eczéma atopique durant leur enfance et qui en sont libérés garderont une tendance à la peau sèche et à la desquamation. Puisque la cause est un désordre interne, les pressions sur l'organisme, comme le stress, jouent un rôle majeur dans les crises d'eczéma chez les personnes atopiques. La plupart du temps, le problème reste sous contrôle mais lorsque le niveau de stress est trop élevé, une crise d'eczéma peut en résulter.

Les allergies alimentaires ou les intolérances pourraient être les coupables et souvent une peau déjà sèche se couvrira d'eczéma après l'ingestion d'aliments allergènes courants comme les produits laitiers ou les oeufs. Les aliments préparés sont régulièrement en cause, car des additifs y sont souvent cachés.

Les produits inhalés peuvent causer ou certaine-ment faire augmenter l'eczéma. Plusieurs personnes atteintes d'eczéma atopique verront leur état empirer au contact d'animaux domestiques ou d'oiseaux et ce sera pire en été, alors qu'elles subiront en plus la fièvre des foins.

Les gens atteints d'eczéma atopique seront plus sujets à souffrir d'allergies aux produits qu'ils touchent, portent ou manipulent pendant leur travail. Ceci sera discuté plus en détail sous la rubrique «les allergies de contact» (Chapitre 3).

L'eczéma est très dérangeant à la fois pour l'en-fant qui en souffre et ses parents, car la démangeaison est intolérable et les enfants devront être retenus pour qu'ils cessent de se gratter et d'aggraver leur état. La peau devient sèche et elle démange, surtout la nuit; la gratter libère l'histamine de la peau, accroissant la démangeaison et rendant la peau rouge et échauffée. Si la personne continue à se gratter, l'eczéma peut saigner, s'infecter et couler.

L'eczéma peut se présenter n'importe où sur le corps, mais chez les bébés, il commencera dans la figure, sur la tête et là où la couche le couvre. Les plis (derrière les genoux, à l'intérieur des coudes et des poignets) sont des endroits de prédilection pour l'eczéma chez les nourrissons et les enfants. Dans des cas particulièrement graves et inquiétants, l'eczéma peut se répandre sur tout le corps.

Un autre type d'eczéma relié à l'allergie est l'eczéma de contact, dû à une exposition trop grande aux irritants, plutôt qu'au mécanisme interne de l'atopie. Ceci est surtout relié à une allergie à un produit particulier, comme le nickel, le caoutchouc, les cosmétiques, les produits chimiques domestiques et, très souvent, les diachylons collants. Cet eczéma affecte les adultes qui sont devenus allergiques à un produit après un seul contact ou un contact prolongé avec lui.

L'eczéma de contact est plus complexe qu'une réaction directe et aiguë, car bien que l'éruption et la démangeaison apparaissent à l'endroit exact ou le produit a touché la peau, elles se manifestent souvent avec délai.

Comme pour d'autres réactions allergiques, lorsqu'une personne devient sensible à un produit particulier; des cellules sont créées pour le mémoriser lorsque la peau vient en contact avec ce produit à nouveau, les anticorps sont libérés et l'inflammation commence.

L'eczéma occupationnel se manifeste lorsqu'une personne devient sensible à un produit après son contact au travail. Le problème peut prendre du temps à se manifester, parfois après des années d'utilisation de cette substance. En général, ce seront les parties du corps exposées au produit qui seront affectées, généralement les mains, bien que sur une longue période, l'eczéma peut se propager. Le mal diminuera si la personne arrête d'employer le produit ou prend des vacances.

Urticaire (éruption, démangeaison)

L'urticaire aigu se manifeste très rapidement et dure des heures ou des jours. Différentes formes d'urticaire sont causées par diverses substances comme les aliments, les médicaments, les produits inhalés ou les piqûres, mais les symptômes courants sont une enflure généralisée et des démangeaisons de la peau.

L'angio-oedème est un genre d'urticaire qui s'attaque plus aux enfants qu'aux adultes, causant de l'enflure surtout à la figure, aux lèvres, aux paupières, à la langue et la gorge, bien que d'autres régions puissent être affectées. La sensation en est une de brûlure plutôt que de démangeaison. L'urticaire est souvent causé par une allergie ou une intolérance à un aliment et la réaction peut se produire quelques secondes à peine après l'ingestion. Un traitement réglera la situation en quelques heures.

Réactions gastro-intestinales

Les allergies classiques aux aliments ou aux médicaments peuvent susciter une réaction aiguë. Presque aussitôt après avoir ingéré la substance ou parfois tout de suite après l'avoir mise en bouche, la personne allergique réagira par des douleurs stomacales, de la diarrhée ou des vomissements violents. Des réactions cutanées, comme l'urticaire, peuvent apparaître et, dans des cas extrêmes, l'anaphylaxie peut se manifester (voir encadré, page 18). Chez certains enfants souffrant d'allergie grave, le seul toucher de l'objet, un oeuf par exemple, peut suffire à déclencher des symptômes comme une éruption ou une respiration difficile.

Les intolérances aux aliments sont nombreuses et variées, y compris les symptômes physiques et émotifs énumérés au Chapitre 1 (voir page 22). Elles peuvent apparaître progressivement, sans que la personne en sache la cause; ironiquement, le produit causant l'intolérance sera souvent un aliment favori faisant partie de la diète courante.

Parfois un seuil de symptômes sera atteint, ce qui procurera des malaises presque constants, avec peu de modification des symptômes entre les contacts avec la substance responsable de la réaction. Cela survient lorsque la substance est ingérée fréquemment, ce qui ne laisse aucun temps pour la guérison. Cet effet est très évident dans le cas d'une personne ayant une accoutumance au café: elle en boira une telle quantité quotidiennement que les symptômes s'accumuleront à un niveau constant, sans baisser ou monter entre les tasses bues, ce qui rendra presque impossible l'établissement d'un lien entre le café et les symptômes.

La réaction retardée est un «masque» qui peut durer pendant quelque temps, du fait que l'alternance de nourriture et de réaction est dérangée. La personne mange l'aliment problématique et la réaction étant retardée, elle s'en remet à peine au moment de manger à nouveau, ce qui lui donne l'impression que cette nourriture améliore les symptômes plutôt que de les causer. Les collations ou les boissons favorites sont en cause ici, parce qu'étant bues ou mangées fréquemment, la réaction à leur endroit ne peut être identifiée facilement.

Symptômes émotifs

Certains praticiens croient que les intolérances peuvent aussi causer des symptômes émotifs. Au-delà du stress et de la dépression que la personne souffrante ressentira à cause de sa situation chronique, certaines intolérances peuvent déclencher des crises de panique, de la dépression, des sautes d'humeur, de l'agressivité, de l'irritabilité et d'autres changements de la personnalité. Ils ne peuvent pas être soignés efficacement par la médecine conventionnelle parce que celle-ci ne va pas à la racine du problème, mais certaines thérapies complémentaires peuvent aider (voir Chapitre 8).

CHAPITRE 3

Causes et déclencheurs

Chaque allergie ou intolérance est une réaction individuelle et il y a une quantité innombrable de substances que les gens ne supportent pas ou auxquelles ils peuvent devenir allergiques.

Si votre réaction est immédiate ou se manifeste dès que vous mangez un certain aliment, avalez une pilule ou marchez en plein air par un jour de beau temps, vous n'aurez aucune difficulté à en trouver la cause. Cependant, la réponse pourrait ne pas être aussi évidente et le problème plus complexe à résoudre. Certaines substances causent des allergies ou des intolérances plus facilement que d'autres et il peut valoir la peine de les mettre sur votre liste des premiers suspects, quitte à les retirer plus tard de votre enquête.

Ce qui cause les allergies et les intolérances

Trois principaux groupes de substances sont responsables des allergies ou des intolérances. On appelle allergène les produits:

- qui sont dans l'atmosphère et qu'on inhale, comme le pollen ou la poussière (aéro-allergènes);
- ceux dont le contact physique cause une réaction allergique comme le nickel, le latex et certains produits chimiques;

- ceux auxquels on réagit en les ingurgitant, comme certains aliments ou médicaments tels la pénicilline ou l'aspirine, les deux étant des allergènes communs.

Parfois les symptômes causés par un allergène spécifique semblent avoir un rapport logique entre-eux comme l'allergie à un pollen inhalé causant la fièvre des foins ou une éruption apparaissant à l'endroit où un bijou touche la peau, mais ce n'est pas toujours aussi simple. Les allergies alimentaires peuvent produire des irritations cutanées et des problèmes de respiration, ce qui exige de la vigilance de la part de la personne attaquée, ou de ses parents, pour détecter la ou les substances qui déclenchent la réaction allergique.

Les allergies et les intolérances causées par des substances inhalées

La plupart des allergies et des intolérances sont des réactions aiguës causant les symptômes typiques mentionnés au Chapitre 2. La fièvre des foins ou rhinite est probablement la plus commune des allergies causées par inhalation. Puisque plusieurs asthmatiques atopiques souffrent aussi de rhinite, les allergènes inhalés s'attaquant aux deux groupes sont majoritairement les mêmes.

La principale difficulté, dans le cas d'une allergie ou d'une intolérance aux substances inhalées, est qu'il est presque impossible d'éviter de respirer les petites particules en suspension dans l'air qui contiennent une substance à laquelle vous êtes allergique ou que vous ne tolérez pas. Heureusement, plusieurs stations de télévision et de radio ainsi que des journaux annoncent quotidiennement le taux de pollen ambiant (les concentrations de pollen dans l'air) et la qualité de l'air pour la journée, ce qui peut aider les asthmatiques et ceux souffrant de fièvre des foins à planifier leur journée et, si les conditions sont adverses, à rester à la maison.

Principales causes des allergies causées par inhalation

Pollen

Herbes

Arbres

Sève des plantes

Poussière organique (du bois, de la farine)

Moisissures (spores, champignons et végétation à l'extérieur; humidificateurs, moisissure et rouille à l'intérieur)

Fumée de cigarette

Émanations (pollution ou produits chimiques)

Animaux (les animaux domestiques à fourrure, surtout les chats, sont un problème)

Oiseaux

Mites de poussière domestique

Allergènes extérieurs

Le terme fièvre des foins est trompeur, car c'est le pollen, et non le foin, qui est en cause. Un terme plus juste serait rhinite allergique saisonnière, bien que des gens soient affligés à l'année longue par le reniflement, affection que l'on appelle la rhinite perpétuelle. Les asthmatiques atopiques verront qu'ils sont sensibles à plusieurs des mêmes substances.

Plantes communes causant la fièvre des foins

Graminées (herbes)

Herbe de Saint-Jacques, ambrosie (le plus grand coupable aux États-Unis)

Chiendent

Ivraie vivace (dans plusieurs pelouses anglaises)

Roseaux

Pâturin, herbe des prés

Seigle

Avoine

Blé

Vulpin des prés

Arbres

Bouleau

Érable

Aulne

Noisetier

Hêtre

Orme

Saule

Peuplier

Plantes herbacées

Pissenlit

Marguerite

Plantain

Armoise

Oxalide blanche, oseille sauvage

Ortie

Verge d'or

Les herbes et autres plantes dont le fin pollen s'éparpille au vent sont les grands coupables des rhinites et des crises d'asthme, les substances en cause étant transportés sur de grandes distances. Les personnes allergiques et souffrant d'intolérances réagissent lorsque la concentration de pollen atteint un certain seuil, habituellement 10 à 20 grains par mètre cube d'air. Certains jours d'été les proportions peuvent atteindre de 100 à 500! Les plantes aux fleurs vives et aux graines plus grosses qui sont transportées par les insectes sont moins allergènes, bien que des gens particulièrement sensibles pourront réagir à ces dernières.

D'autres plantes peuvent causer les rhinites. Les champignons et les spores, en automne surtout, sont un problème certain.

Allergènes d'intérieur

Dans nos maisons bien confortables, nous ne sommes pas à l'abri des allergènes inhalés. L'environnement douillet d'une maison moderne est le paradis des polluants intérieurs, de l'humidité, de la poussière et des pellicules d'animaux domestiques, toutes choses qui contribuent aux allergies et aux intolérances.

Un intérieur humide, favorable aux moisissures peut déclencher une réaction allergique; les humidificateurs installés dans certaines maisons causent aussi des crises d'asthme ou de rhinite. La condensation venant du lavage et du séchage, de la cuisine ou de la salle de bain, peut avoir le même effet.

Les maisons modernes cachent d'autres dangers, spécialement les «vapeurs chimiques» s'échappant de certains matériaux de construction, les préservatifs, l'isolation domestique, les matériaux de rembourrage et les fibres. Les chaudières de chauffage central (surtout au gaz) et les cuisinières au gaz mal entretenues peuvent laisser échapper des vapeurs de dioxyde d'azote pouvant causer de l'asthme.

Nos maisons sont pleines de polluants intérieurs qui propagent des particules néfastes dans l'air que nous respirons. Ce sont les rafraîchissants d'air, les aérosols dans les désodorisants et les produits de nettoyage, les produits de rénovation comme les peintures, les colles, les laques et les solvants. Les meubles à assembler peuvent susciter une allergie, parce qu'ils occasionnent souvent de la poussière de sciure et qu'ils nécessitent parfois l'emploi de divers produits chimiques. Ceux dont la senteur est forte, comme la peinture à l'huile, peuvent facilement provoquer une réaction chez les personnes sensibles.

C'est important de bien ventiler la maison et de permettre aux vapeurs de s'échapper, mais rappelez-vous que des fenêtres grandes ouvertes laissent entrer le pollen et d'autres allergènes, alors méfiez-vous de l'air frais si vous réagissez aussi à ces derniers.

Les mites de poussière domestique

La poussière domestique est une cause courante d'allergie respiratoire; or, même les maisons les plus propres n'en sont pas exemptes. Il peut s'avérer très pénible pour un asthmatique de passer l'aspirateur ou d'épousseter; pour certains, ces travaux sont même impossibles à réaliser.

De toute façon, c'est autant la poussière que vous ne voyez pas, que celle que vous voyez, qui constitue un problème. Celui-ci est dû à un allergène puissant qui vit dans cette poussière, la mite de poussière domestique. On estime à 80 pour cent les gens ayant une allergie quelconque et à 90 pour cent les asthmatiques affectés par ces créatures microscopiques.

Il y a plusieurs types de mites de poussière domestique, mais les deux plus nuisibles sont la *dermatophagoides pteronyssinus* et la *dermatophagoides farinae*. La mite est une créature minuscule de la famille des acariens, d'environ 0,3 mm de long, invisible à l'oeil nu. De la famille des tiques et des araignées, elle aime vivre dans la poussière d'un environnement chaud et humide comme les tapis, les matelas, les couvertures, les tentures et les ameublements mous. Nos maisons modernes chaudes, au chauffage central, constituent un environnement parfait pour elle. Dans le Chapitre 4 on indique comment combattre la mite.

Animaux domestiques et autres

Les gens atopiques font des réactions aux animaux. Contrairement à la croyance populaire, ce n'est pas vraiment la fourrure qui cause les problèmes. De la même façon que dans la fièvre des foins, les «pellicules», des particules microscopiques de peau et de matières fécales, déclenchent une réaction allergique telle que la personne ressent une compression de la poitrine, respire difficilement, a les yeux et le nez qui coulent et, parfois, une éruption. Cette personne pourra réagir à l'animal même s'il n'est pas dans la pièce et ces réactions pourront se produire des jours ou des semaines après que l'animal soit parti. Aucun animal domestique n'est à exclure pour les gens sensibles, pas même les reptiles.

La fumée

Le lien entre la fumée et les maladies pulmonaires est maintenant établi et il va sans dire que les asthmatiques, de quelque type qu'ils soient, ne devraient pas fumer.

La fumée passive est également un sérieux problème dans toutes les maladies atopiques. Si la femme enceinte fume, il y a de fortes chances que son bébé ait une tendance allergique; de même, les enfants vivant avec des parents fumeurs sont plus à risque de contracter l'asthme ou d'autres maladies pulmonaires. Les fumeurs et les gens qui inhalent la fumée des autres au travail seront également plus enclins à souffrir d'asthme et d'allergies à la fumée de cigarette. Enfin, les émanations de fumée d'un véhicule peuvent causer des difficultés de respiration et les endroits industriels hautement pollués abritent souvent des concentrations d'asthmatiques.

Allergies de contact

Ces allergies provoquent une réaction à retardement, qui apparaît généralement un ou deux jours après le contact avec la substance allergène. Parfois, cela peut prendre jusqu'à sept jours pour que la réaction se manifeste. Une réaction de contact est généralement facile à identifier parce que l'éruption et l'inflammation surviennent exactement là où la peau a été en contact avec l'allergène. La rougeur peut se maintenir pendant quelques jours, mais disparaît ensuite. La réaction revient chaque fois qu'il y a contact. Malheureusement, même si la réaction est localisée, avec le temps, elle peut se répandre et atteindre d'autres parties du corps. De plus, lorsque quelqu'un est affligé d'une allergie de contact à une substance, il peut fort bien développer une sensibilité à d'autres produits. Les personnes atopiques sont particulièrement vulnérables aux allergies de contact, et celles-ci peuvent être plus fortes lorsque ces personnes sont stressées.

Allergènes communs de contact

Les substances suivantes sont des allergènes classiques qui affectent un grand nombre de personnes:

- Nickel: on le trouve dans les boutons de jeans, les bijoux de qualité moyenne, dans un certain acier inoxydable et par le fait même dans plusieurs objets domestiques et de bureau
- Chrome
- Vêtements: les fibres synthétiques telles que le nylon; la laine, y compris la lanoline fabriquée à partir du gras de la laine que l'on trouve dans de nombreuses crèmes et onguents
- Cosmétiques, tels les fards, le vernis à ongles, la pâte dentifrice, le savon et les produits pour le bain. Les produits pour les cheveux sont particulièrement coupables et l'allergie aux substances contenues dans les shampoings, les lotions coiffantes et les vaporisateurs a forcé de nombreux coiffeurs à changer de carrière
- Médicaments, comme les antibiotiques topiques (appliqués sur la peau); les anesthésiques locaux
- Animaux domestiques et plantes
- Produits nettoyants, de polissage, détersifs
- Certains bois, colles et autres substances chimiques utilisées en industrie

- Encre d'imprimerie
- L'allergie au latex augmente et cause des problèmes aux professionnels, comme ceux de la médecine, qui portent des gants de caoutchouc pour travailler. Cela peut aussi causer une réaction aux élastiques et à plusieurs autres objets domestiques ou professionnels contenant du caoutchouc. Les contraceptifs ont également causé des problèmes malencontreux.

Allergies alimentaires et intolérances

N'importe quel aliment peut déclencher une allergie ou une intolérance, mais tel que décrit au Chapitre 2, les aliments les plus fréquemment absorbés sont souvent ceux auxquels les gens plus susceptibles d'allergies, tels les enfants, deviennent sensibles. Ce sont surtout les protéines des aliments que le corps perçoit comme un ennemi. Actuellement, un des problèmes majeurs des allergies alimentaires et des intolérances se retrouve dans les aliments préparés et empaquetés industriellement, car beaucoup d'ingrédients sont alors cachés dans un plat d'apparence simple.

Aliments courants causant des problèmes

Plusieurs des aliments énumérés ci-bas sont très courants dans la diète occidentale et jouent souvent un rôle soit dans des allergies graves, avec des symptômes immédiats, soit dans les cas d'intolérance:

- Produits laitiers: lait, crème, fromage et tout aliment fabriqué avec ces produits
- Oeufs

- Poisson et mollusques en coquille
- Viande rouge
- Poulet
- Noix, surtout les arachides, les noix de cajou (il y a eu des cas récents de mortalité par anaphylaxie semblable à ceux résultant de l'ingestion d'arachides) et les noix du Brésil
- Céréales, surtout le blé qui contient la protéine gluten. Le maïs est aussi souvent en cause
- Fruits citrins
- Levure
- Soya: beaucoup de bébés allergiques ou ayant une intolérance au lait de vache passent au lait de soya, mais certains réagissent à ce lait aussi
- Le café peut causer une réaction allergique ou une réaction chimique à la caféine, qui se retrouve aussi dans le chocolat, le cola et le thé.

Additifs

Une allergie ou une intolérance presque aussi commune et directe que celle à la nourriture est l'allergie et l'intolérance à certains additifs alimentaires utilisés pour rehausser la saveur, prolonger la durée ou améliorer l'aspect d'un aliment en le rendant plus appétissant ou coloré. Leurs effets à long terme restent à évaluer. On a accusé les additifs alimentaires d'avoir des effets négatifs allant de l'allergie à l'hyperactivité enfantine jusqu'aux comportements antisociaux et criminels. On s'interroge encore sur les additifs, mais il ne fait aucun doute que certains d'entre-eux produisent une sensibilité chez des individus.

Une source fréquente d'allergie est le glutamate monosodique qui donne de la saveur aux mets chinois; il est prouvé que ce colorant jaune tartrazine joue un rôle dans les réactions allergiques.

Il y a encore beaucoup de travail à faire sur les effets nocifs des additifs, particulièrement sur les enfants, qui sont les plus grands consommateurs d'aliments préparés.

Produits chimiques

Il y a deux groupes principaux de produits chimiques que nous consommons et qui peuvent être responsables d'allergies et d'intolérances: les médicaments et les éléments chimiques des aliments. Certains médicaments sont particulièrement à blâmer pour les allergies. La pénicilline, couramment utilisée pour traiter les infections bactériennes, déclenche des allergies chez certaines personnes et d'autres antibiotiques peuvent faire de même. L'analgésique aspirine, couramment employée, peut aussi produire de l'allergie.

Les produits chimiques vaporisés sur les récoltes ou incorporés à l'alimentation des animaux se retrouvent dans les aliments de consommation. Dans la société actuelle, nous portons un bagage chimique considérable: non seulement nous respirons la fumée et les émanations, mais nous manipulons et travaillons régulièrement avec de très dangereux produits chimiques et nous consommons de grandes quantités d'éléments chimiques dans nos aliments sans en être conscients. Les pesticides et les couches protectrices vaporisés sur les céréales et les fruits, les antibiotiques, les hormones et autres drogues données aux animaux trouvent tous leur chemin dans les aliments que nous mangeons et peuvent contribuer à l'augmentation du nombre d'allergies et d'intolérances.

Finalement, même l'eau que nous buvons peut ajouter au problème. Dans plusieurs parties du monde, l'eau «potable» est en fait remplie d'éléments chimiques destinés à la «purifier». D'autres substances délétères y sont aussi: les rejets de manufactures s'écoulent dans les rivières et nous entendons fréquemment parler de fuites, venant de grosses manufactures, qui contaminent des grandes parties de lacs et de rivières. L'agriculture n'est pas sans faute également, puisque les nitrates des fertilisants s'infiltrent dans la terre jusqu'à la nappe d'eau souterraine. De nos jours, une grande quantité de cette eau est recyclée dans les villes et remplie d'éléments chimiques.

En réduisant la quantité de produits chimiques présents dans l'environnement, nous aiderions ceux qui souffrent d'allergies et d'intolérances et aussi nous pourrions restreindre le trop grand nombre de «maladies de civilisation», comme les maladies cardiaques, le cancer et les autres problèmes que la médecine conventionnelle a de la difficulté à guérir. Nous ne connaissons pas encore les effets à long terme de ces substances sur nos corps, mais nous devrions chercher, avant que des dommages encore plus grands ne soient faits.

Conclusion

Les substances mentionnées dans ce chapitre sont seulement les causes les plus communes d'allergies et d'intolérances; la liste s'allonge sans cesse. Le prochain chapitre se penche sur les moyens par lesquels vous pouvez diminuer vos contacts avec elles, améliorer votre santé, et vous rendre plus résistant aux allergies et aux intolérances émergentes.

CHAPITRE 4

Comment vous aider vous-même

Dans l'allergie, peut-être plus que dans n'importe quelle autre maladie, le malade a le pouvoir d'améliorer son sort. En modifiant votre comportement, votre travail, vos habitudes alimentaires, vous pourrez faire une grande différence par rapport à ce problème. De plus, en améliorant votre santé générale et votre bien-être, vous réduirez vos tendances sous-jacentes à la réaction.

Dans certains cas, après avoir découvert la cause de vos symptômes, il sera très simple d'éviter un allergène particulier, que ce soit un savon à lessive, un tissu ou une catégorie d'aliment. Cependant, ce ne sera pas toujours si facile. Parfois, avec la meilleure volonté du monde et le programme le plus rigoureux de nettoyage, il est tout simplement impossible d'éliminer toutes les particules de l'air ou irréaliste d'éviter tout contact avec une substance chimique, en particulier s'il s'agit d'un produit avec lequel vous travaillez. Néanmoins, même si vous ne pouvez pas éviter complètement la cause de votre allergie ou de votre intolérance, vous pouvez faire beaucoup, à court terme, pour réduire votre contact au produit et créer, à long terme, une raison, un corps et un esprit les plus sains possible, avec un système immunitaire résistant.

Premièrement, vous devez trouver la cause de vos problèmes. Les médecins et d'autres spécialistes des allergies peuvent faire des tests, mais d'abord il y a quelques démarches que vous pouvez accomplir pour tenter d'identifier vos propres allergènes.

Trouver la cause de votre allergie

La plupart des personnes aux prises avec des allergies ou des intolérances ont probablement essayé, pendant un certain temps, de trouver la cause de leurs symptômes. Ceux qui souffrent d'une simple allergie aiguë (réaction immédiate) doivent avoir une bonne idée de cette cause, puisque la réaction suit de peu l'exposition à l'allergène. L'identification devient plus difficile pour les malades chroniques puisque les réactions peuvent être différées ou masquées (voir page 35) et ne semblent pas reliées à un événement particulier. Si l'allergie ou l'intolérance vous rend vraiment malade, vous devez demander de l'aide professionnelle, mais si vous voulez commencer par un travail de détective, voici quelques questions-clés à vous poser.

Questions-clés à vous poser sur votre allergie ou votre intolérance

Quand les symptômes se manifestent-ils?
Y a-t-il quelque chose qui les améliore ou qui les aggrave, par exemple passer l'aspirateur, jardiner, faire de l'exercice à l'extérieur?
Combien de temps les symptômes durent-ils?
Sont-ils plus importants à certains moments de la journée?

Au travail?

À la maison?

Durant la semaine ou durant le week-end?

Pendant les vacances? Si oui, sont-ils moindres au bord de la mer où il y a moins de pollen?

Est-ce que le temps de l'année ou la température y fait quelque chose?

Avez-vous un animal domestique? Est-ce que les problèmes sont plus graves lorsqu'il est tout près? Y a-t-il des odeurs en particulier que vous n'aimez pas?

Y a-t-il certains aliments que vous aimez particulièrement ou dont vous ne pouvez vous passer de manger?

Les réponses à ces questions ne solutionneront sûrement pas votre allergie ou votre intolérance, surtout si le problème dure depuis longtemps, mais elles pourront vous donner des indications par où commencer. Si vos symptômes s'allègent durant les fins de semaine et les vacances, il y a tout lieu de croire que le problème se trouve au travail. Si, d'autre part, vous réagissez plus à la maison l'été, surtout lorsque vous êtes dehors, vous pouvez commencer à chercher des allergènes dans cette direction.

N'oubliez pas que certains signes peuvent vous induire en erreur: les aliments et non seulement les allergènes dans l'air peuvent susciter des problèmes respiratoires; des substances chimiques ou autres peuvent causer des réactions gastro-intestinales (estomac); vous devrez donc utiliser votre pensée latérale et garder l'esprit ouvert sur les causes de votre allergie. Il est important de vous rappeler que

vous pourrez faire des erreurs; certains indices seront
trompeurs, mais cela fait partie du travail de détective, et au moins, vous trouverez ce à quoi vous n'êtes
pas allergique ou que vous ne tolérez pas.

Faire vos propres tests

Lorque vous croyez avoir trouvé la cause de votre
problème, il est temps de mettre votre théorie à
l'épreuve. Le test le plus simple à faire à la maison
est celui du «reniflage». Assoyez-vous en tenant la
substance suspecte dans un contenant ou directement dans vos mains et prenez une respiration
profonde. Vos yeux piquent-ils ou éternuez-vous?
Vos symptômes habituels commencent-ils? Sinon,
attendez quelques instants et prenez quelques inspi-
rations de plus. Si vous réagissez, vous pouvez
décider comment éliminer cette substance de votre
vie, ou à tout le moins, comment en diminuer le
contact.

Si vous soupçonnez votre animal domestique, un
simple test consiste à le caresser et ensuite à frotter
vos yeux. Les personnes allergiques ou souffrant
d'intolérance aux pellicules d'animaux auront une
réaction rapide aux yeux qui deviendront douloureux
et coulants et le nez coulera également. Vous pouvez
confirmer vos doutes par un test professionnel utilisant un échantillon sanguin, un disque transdermique ou le test RAST, dont on parle au Chapitre 5.

Aliments

Les allergies alimentaires et les intolérances sont
souvent difficiles à cerner pour les raisons
énumérées aux chapitres précédents. Excepté pour

ceux dont la réaction est presque immédiate, il peut s'avérer très difficile de trouver le lien entre un aliment ingéré et les symptômes dont on souffre. La seule façon efficace de trouver est de retirer l'aliment soupçonné de la diète et de le réintroduire pour constater le retour de la réaction, c'est le test de la remise en question. On en discute en détail au Chapitre 9, mais vous pouvez faire un test informel à la maison si vous avez des doutes sur un aliment en particulier. Il est important de maintenir une diète équilibrée, c'est pourquoi l'élimination ou l'exclusion de grandes variétés d'aliments ne doit se faire que sous une supervision professionnelle.

Rédigez un journal des aliments consommés pendant la période d'exclusion et de mise en question; afin de revoir votre style alimentaire et vos symptômes, efforcez-vous de vous rappeler tout ce que vous avez mangé et bu. Décidez de ce que vous voulez éviter, vous avez probablement une idée de la substance ou des substances qui causent problème et à une date donnée, arrêtez d'en manger ou d'en boire. Assurez-vous que vous n'en prenez pas dans une autre préparation où l'aliment pourrait se trouver caché. Pour être certain qu'il a été complètement éliminé du corps, évitez-le pendant environ cinq à dix jours. Si vous n'en mangez pas pendant un mois, vous pourrez le «tolérer» à nouveau et votre corps l'acceptera sans réagir dans un premier temps. Ceci ne signifie pas que votre allergie ou votre intolérance est «guérie», car si vous recommencez à manger cet aliment régulièrement, les symptômes reviendront probablement après un certain temps.

Si vous êtes plus à l'aise après la période d'exclusion, vous avez probablement visé juste. Si au début du retrait vous vous sentez mal, vos soupçons sont sûrement fondés. Des symptômes de sevrage se manifestent si vous coupez un aliment que vous aimez beaucoup et auquel vous êtes allergique ou intolérant et vous sentir mal pendant que vous en êtes privé est un bon indice que vous avez trouvé le problème. Après quelques jours les symptômes s'estomperont et vous vous sentirez beaucoup mieux qu'auparavant.

Ensuite, c'est le temps de la remise en question. Prenez une petite quantité, une portion ou deux, de l'aliment ou de la boisson. Si rien ne se produit, ingurgitez-en un peu plus une heure plus tard et ainsi de suite, jusqu'à ce que vous preniez une portion régulière. Si vous réagissez à n'importe quelle étape, vous avez votre réponse. Il est important de vous rappeler que si les symptômes avaient tendance à se manifester après un certain temps, ils ne seront pas instantanés à ce moment-ci, alors continuez à vous tester pendant plusieurs jours pour vous assurer que vous n'avez pas raté la réaction.

Réduire les risques

Nous pouvons faire beaucoup pour modifier notre environnement et améliorer, en tant que parents, celui de nos enfants. C'est particulièrement important dans les familles atopiques, où un parent et un ou quelques enfants ont des tendances allergiques.

Lorsque nous essayons de diminuer le niveau d'allergènes auxquels nous sommes exposés, la maison est le premier lieu à attaquer. Nous la rendons confortable et douillette et par le fait même elle devient un paradis des allergènes; la réduction d'un certain confort sera nécessaire pour le bien de notre santé. Ce n'est pas vraiment un sacrifice. Les suggestions qui suivent deviennent des guides essentiels pour les familles atopiques, mais elles sont aussi utiles à ceux qui veulent réduirent le contenu allergique de leur environnement.

La maison saine

Tel que mentionné précédemment, la mite de poussière domestique est la principale coupable de l'allergie à la maison. La mite vit dans les meubles mous, les tapis et les rideaux; elle s'épanouit dans un milieu chaud, humide, et la chambre à coucher, surtout le lit, est son endroit de prédilection.

La première chose à faire est de réduire l'habitat de la mite.

- Remplacer les oreillers, les édredons et le matelas par des produits manufacturés faibles en allergènes. Couvrir le lit et les oreillers avec des housses qui repoussent les mites de poussière. Elles sont efficaces et empêchent les déchets de la mite d'atteindre le lit. Aérer à fond toute la literie et changer les draps et les couvertures régulièrement. Les draps devraient être lavés à une température de 58°C ou plus pour tuer toutes les mites.
- Enlever les tapis et les rideaux. Des planchers de bois ou de vinyle et des stores véniciens peuvent être essuyés et gardés propres ce qui ne laisse aucune place où les mites pourraient se cacher ou trouver à manger.
- Commencer une campagne de nettoyage vigoureuse par l'utilisation quotidienne de l'aspirateur et le lavage régulier des rideaux.

- Éviter l'utilisation des nettoyeurs chimiques en aérosol et des rafraîchissants d'air qui déclenchent des allergies chez les gens sensibles.
- Dans une chambre d'enfant, avoir le moins possible de jouets en peluche et les remplacer par des jouets de bois ou de plastique. Toutes les peluches devraient être lavables à 58°C pour tuer les mites.
- Chasser la poussière de la maison par un époussettage humide. Garder le moins possible de coussins et de chaises rembourrées et placer les bibelots et les livres dans des armoires vitrées. Ceci facilite le nettoyage, même dans les maisons de gens non-atopiques. Les plantes vertes devraient être essuyées ou retirées.
- Penser à des garde-robes et des meubles encastrés et choisir des fresques peintes sur les murs plutôt que des encadrements qui retiennent la poussière.
- Diminuer l'humidité en se servant de déshumidificateurs.
- Le chauffage central est une autre cause de l'augmentation des allergies. Installer la chaudière à l'extérieur et si vous pouvez vous le payer, songez à un chauffage sous le parquet ou à un autre qui ne soulève pas la poussière. Bien ventiler la maison tout en veillant à ne pas laisser trop d'allergènes en suspension s'introduire par les fenêtres ouvertes.
- Beaucoup d'aspirateurs rejettent presque autant de poussière qu'ils en absorbent. Si possible, remplacer le vieil aspirateur par un modèle possédant un filtre efficace.
- Garder très propre l'endroit où vit l'animal domestique. S'il a quitté les lieux, continuer à

nettoyer cet endroit pendant six mois au moins; si possible, faire nettoyer le tapis à la vapeur.

- Ne pas fumer dans la maison. Mis à part les autres problèmes causés par la fumée, elle est un irritant important pour beaucoup de personnes atopiques. Quelques manufacturiers ont fait les manchettes en vantant des produits comportant «peu d'allergènes» qui ne se sont pas avérés tels. Au Royaume-Uni, la Maison faible en allergènes est complètement munie de produits à bas contenu allergène et cette information est disponible sur Internet. L'Association of Allergen Avoidance Products and Services peut vous indiquer les compagnies dont les produits ont subi des tests cliniques.

Faites-le vous-même

La rénovation domiciliaire (faites-le vous-même) est un domaine où vous rencontrerez inévitablement un vaste assortiment de substances puissantes dont plusieurs peuvent causer des réactions allergiques. Les travaux soulèvent de la poussière ou et on en crée en perçant et en sciant; des produits chimiques puissants, sentant fort, sont utilisés tels les colles, les laques, les préservatifs, les peintures et les solvants.

Il n'est pas faux de dire que les substances possédant une forte senteur seront irritantes pour une personne sensible. Dans ce cas, évitez les travaux artisanaux et la manipulation de produits chimiques puissants, mais s'il le faut, assurez-vous que vous laissez les fenêtres ouvertes jusqu'à ce que le produit ait séché et que la senteur soit presque toute évaporée. Portez un masque, des gants protecteurs et des manches longues.

Les peintures à l'eau sont moins irritantes et meilleures à employer dans les maisons de personnes atopiques; elles dégagent moins de vapeurs et sont donc moins nocives.

Jardins

La personne souffrant d'allergies n'a pas à se priver d'un jardin, même si le pollen et les spores sont les causes principales de ses problèmes. Les plantes causant le plus couramment des allergies et des intolérances sont énumérées au Chapitre 3 et devraient être évitées, mais il est tout à fait possible de cultiver un magnifique jardin «libre d'allergènes».

En règle générale, évitez les plantes à la senteur soutenue. Les plantes qui sont pollinisées par les insectes ont des particules de pollen plus grosses et plus pesantes et s'envoleront moins dans les airs pour déclencher des allergies. Combattez les mauvaises herbes!

Le jardinage doit être effectué avec bon sens. Si possible ayez du pavage ou de la pierre concassée plutôt qu'une pelouse. Si ce n'est pas possible, trouvez quelqu'un pour tondre le gazon ou tondez-le le matin lorsque le vent est doux et qu'il y a moins de pollen en suspension.

Les jours froids et humides sont les meilleurs pour les jardiniers allergiques; écoutez les renseignements radiophoniques et télévisuels sur le taux de pollen et évitez de jardiner lorsqu'il est élevé; même si votre jardin a peu d'allergènes, celui du voisin n'est pas nécessairement pareil et personne n'empêchera le pollen de franchir la clôture.

Le port de lunettes foncées à l'extérieur peut être utile et si vous avez une réaction cutanée aux feuilles ou à la sève, portez des manches longues et des gants. De nos jours, beaucoup de produits chimiques, pesticides, fongicides, fertilisants, sont employés dans les jardins. Une longue exposition à ces derniers n'est probablement pas bonne pour le jardinier, pas plus qu'elle ne l'est généralement pour la terre et les insectes. Il peut valoir la peine de songer à cultiver de façon organique ou, à tout le moins, de réduire le nombre de produits chimiques utilisés dans le jardin.

L'environnement de travail

L'environnement de travail est plus difficile à contrôler que celui de la maison.

Si votre allergie ou intolérance est en relation avec des produits chimiques, des animaux ou des substances avec lesquels vous travaillez, le problème est plus important. Selon la nature de l'allergie ou de l'intolérance, vous pourrez porter des vêtements protecteurs, un masque ou des gants. Vous pourrez peut-être travailler avec d'autres substances de remplacement qui ne vous gênent pas ou vous devrez travailler dans un autre secteur de la compagnie, là où vous ne serez pas exposé aux allergènes.

Éviter les aliments à problèmes

Lorsque vous aurez identifié l'allergie alimentaire ou l'intolérance qui vous affecte, vous remarquerez une amélioration quand vous commencerez à éviter cet aliment. Même si cette discipline vous paraît difficile, l'amélioration de votre bien-être et de votre santé vous fera vite constater que cela en vaut la peine.

Apprenez à être sur vos gardes, lisez les informations sur l'empaquetage de façon à ne pas manger accidentellement la substance qui vous est contraire et ne soyez pas craintif, au restaurant, de demander la composition d'un mets.

Une allergie alimentaire ou une intolérance peut mener à une autre, aussi évitez de manger un même aliment trop souvent (voir les diètes d'alternance, page 142). Il y a plus de possibilités de devenir allergique ou intolérant aux aliments qui sont mangés fréquemment.

On a vu que certaines intolérances (par opposition aux allergies) finissent par s'estomper avec le temps. Si vous évitez votre aliment problème pour un certain temps, vous pourrez constater qu'il peut revenir dans la diète en petites quantités, sans problème. N'exagérez pas, parce que vous pourriez constater que l'intolérance se manifeste à nouveau et vous devrez recommencer à zéro.

Si votre allergie ou votre intolérance est grave et que vous risquez de faire une réaction anaphylactique, il serait prudent de porter un bracelet indicatif Medic-Alert. Ce bracelet comporte l'information sur votre allergie et la nécessité d'un traitement hospitalier immédiat. De cette façon, si vous mangez accidentellement l'aliment auquel vous êtes allergique et qu'une réaction violente se déclenche, sans que personne ne vous connaisse, quelqu'un sera capable d'agir en lisant les informations sur le bracelet.

La prévention des allergies

Dans une famille à tendance atopique, un nouveau bébé est particulièrement vulnérable aux allergies. Un frère ou une soeur plus âgé et atopique accroît ce risque de devenir atopique de la même façon que la naissance prématurée ou le fait d'être de petit poids. La recherche récente a montré que l'enfant qui n'est pas sensibilisé dans les premiers six mois de sa vie pourra s'en tirer et grandir sans prédisposition aux allergies.

L'objectif principal est donc de garder l'environnement du bébé aussi libre que possible de tout allergène. Ce qui signifie suivre scupuleusement les suggestions concernant la chambre de l'enfant et l'horaire de nettoyage décrits aux pages 57 à 59.

L'allaitement au sein revient à la mode et l'on croit qu'en plus des autres avantages et protection qu'il offre, le lait maternel aide à protéger le bébé de l'allergie. L'allergie ou l'intolérance au lait de vache est fréquente chez les bébés et ils deviennent parfois allergiques au lait de soya ou autres. Idéalement, le bébé sera nourri au sein et le sevrage ne se fera pas avant l'âge de six mois. Si c'est impossible, le bébé devrait être nourri avec un mélange lacté pour biberon. Le lait de vache devrait être évité jusqu'à ce que l'enfant ait environ un an.

Hyperventilation

L'hyperventilation ou «respiration excessive» provient d'un mécanisme différent de celui de l'asthme. La personne prend des respirations courtes et superficielles qui réduisent le niveau d'oxygène. Elle peut se sentir près de l'évanouissement, aura des picotements dans les doigts et dans les cas plus graves, s'évanouira.

Cette situation se retrouve plus souvent chez les femmes que les hommes, et est plus fréquente chez les adolescentes, alors que l'anxiété et le stress en sont la cause. Chez les gens déjà asthmatiques, l'imminence d'une crise peut créer une panique qui déclenchera l'hyperventilation, ce qui fera coïncider les deux situations, bien qu'elles peuvent survenir séparément. La différence entre les deux peut être détectée avec un instrument à mesurer de l'intensité maximum: la lecture sera basse dans le cas de l'asthme mais non dans celui de l'hyperventilation. L'intensité sera toutefois difficile à mesurer durant une crise d'hyperventilation, si le patient est trop angoissé pour respirer correctement dans l'instrument à mesurer.

L'hyperventilation est rarement dangereuse en soi, parce que le corps a tendance à se corriger lui-même lorsque le niveau d'oxygène baisse trop; si le patient perd connaissance, la respiration se rétablira naturellement. La plus grande difficulté est de faire réaliser à la personne qu'elle fait de l'hyperventilation, parce que plusieurs ne se rendent pas compte que leur style de respiration change. D'abord, il est important de se calmer et d'essayer de respirer normalement. Quiconque se concentre trop sur sa respiration a tendance à respirer anormalement, alors il bon de se distraire, de penser à quelque chose d'autre.

Protéger le futur

Nous commençons à réaliser que la diète de la mère et son style de vie peuvent avoir une influence sur la santé future de l'enfant à naître. Les allergies et les intolérances ne font pas exception. Même avant sa conception, la diète de la mère peut jouer un rôle dans la tendance qu'aura l'enfant à l'allergie ou à l'intolérance. Si la grossesse est planifiée, il est encore plus important de maintenir un style de vie sain de façon à donner à l'enfant le meilleur début possible dans la vie. La conservation de ces bonnes habitudes après la naissance, ainsi que la volonté de les inculquer aux enfants, constituent la meilleure façon de s'assurer qu'ils ne connaîtront jamais les inconvénients reliés à l'allergie et à l'intolérance.

Améliorer votre propre santé

L'amélioration de votre santé et de votre bien-être général est importante dans la lutte aux allergies et aux intolérances. Les symptômes sont un signe extérieur d'un problème sous-jacent, alors si vous pouvez stimuler votre système immunitaire, améliorer votre niveau général de santé et penser de façon positive, votre corps commencera à se débarrasser de la prédisposition à l'allergie. L'adoption d'un «style de vie sain» est la première étape.

- Faites suffisamment d'exercice et prenez le grand air, surtout si vous travaillez à l'intérieur, à la lumière artificielle. (Les désordres affectifs saisonniers, subis par certaines personnes, en hiver, lorsqu'il fait sombre, ne nous affectent pas tous, mais nous nous sentons mieux lorsque nous recevons de la lumière et de l'air naturels.)
- Mangez sainement et essayez de prendre des aliments frais, organiques (si possible). Essayez

de varier votre diète de façon à ne pas manger le même aliment ou groupe d'aliments trop souvent.

- Les suppléments nutritifs stimulent le système immunitaire et aident à protéger contre certaines substances nocives auxquelles nous sommes exposés quotidiennement. On les trouve dans les magasins d'aliments naturels, tout comme l'information sur eux. Le Chapitre 9 discute de la question des suppléments alimentaires plus en détails.
- Évitez de prendre des médicaments, à moins que ce ne soit absolument nécessaire; l'absorption d'antibiotiques, en particulier, est néfaste pour le système immunitaire.
- Portez des fibres naturelles et n'employez pas trop de produits chimiques chez vous.
- Diminuez la consommation d'alcool, surtout si vous sentez que vous avez «besoin d'un verre» lorsque vous rentrez à la maison; réduisez la consommation de thé et de café. Les infusions comme la camomille sont des remplacements sains.
- Cessez de fumer. Les cigarettes contiennent des produits chimiques poisons qui ont un effet délétère sur presque tout le système corporel.
- Buvez de l'eau filtrée ou embouteillée.
- Respirez à fond et tenez-vous droit; le corps se sentira mieux en bonne posture. Les épaules voûtées empêchent l'air de bien pénétrer dans les poumons. Ne respirez pas trop pour ne pas augmenter l'anxiété. Si vous respirez rapidement et superficiellement, un physiothérapeute pourra vous montrer des techniques efficaces.
- Dormez suffisamment.

- Songez à l'achat de cassettes de détente ou écoutez de la musique calmante.
- Apprenez et pratiquez une technique de détente, comme la méditation (voir Chapitre 8).

La pensée positive

Ce qui peut se produire de pire dans la maladie, c'est qu'à long terme elle finisse par dominer votre vie. Si vous ne pouvez vous regarder dans un miroir sans être conscient de votre eczéma ou prendre un repas sans vous inquiéter de ce qui pourrait s'y trouver, il est très facile de devenir obsédé et de ne penser à rien d'autre. Il peut aussi arriver que la réaction allergique ou d'intolérance devienne une sorte de «réflexe conditionné». Les gens réagissent lorsqu'ils s'y attendent et on en a vu commencer à avoir la fièvre des foins près de fleurs artificielles.

La «pensée positive» est primordiale dans l'amélioration des sentiments de stress et de dépression causés par un problème à long terme comme l'allergie ou l'intolérance.

Les règles suivantes peuvent s'avérer utiles:

- Essayez d'éviter les situations dont vous savez qu'elles vous causeront du stress. Examinez votre style de vie pour éliminer certaines causes de stress.
- Pratiquez des techniques qui donnent de l'assurance, afin de vous aider à faire face à des situations difficiles.
- Adoptez un passe-temps favori qui vous fera sortir de la maison.
- Ayez des intérêts extérieurs qui favoriseront la rencontre de nouvelles personnes.

- Accordez-vous du temps libre. Beaucoup de personnes angoissées sont constamment «en action», accomplissant des corvées autour de la maison lorsqu'elles ne sont pas au travail, plutôt que de se donner un peu de paix et de tranquillité. Ce n'est pas un crime de prendre le temps de vous mettre en relation avec vos pensées et vos émotions.

- Apprenez des techniques comme l'affirmation positive (voir page 131) qui vous aideront à vous sentir plus en accord avec vous-même.

CHAPITRE 5

Traitement médical conventionnel

Ce que votre médecin vous dira

S'il vous est impossible d'éviter un allergène en particulier ou si vous n'êtes pas certain de ce qui cause les symptômes, il y a des traitements efficaces que votre médecin peut vous recommander. Il y a aussi de plus en plus de centres spécialisés dans les allergies qui peuvent pratiquer des tests et prescrire une variété de traitements.

Faire l'histoire de cas

D'abord, votre médecin ou praticien notera l'histoire détaillée de vos problèmes et vous posera des questions sur ceux-ci, tel que mentionné au Chapitre 4.

D'une certaine façon, l'histoire de cas du patient est le facteur le plus important du diagnostic d'allergie ou d'intolérance. Les tests d'allergie donnent parfois des résultats trompeurs et si ceux-ci entrent en conflit avec votre propre expérience, ils doivent être pris avec un grain de sel. Par exemple, si un test indique une sensibilité à une certaine substance, à laquelle vous êtes certain de n'avoir jamais réagi, votre histoire de cas sera plus fiable.

Le test d'allergie

Lorsque le médecin aura une idée claire de vos symptômes, il pourra décider de procéder à un test d'allergie ou de vous envoyer dans un centre spécialisé.

Test sur la peau par piqûre

Piquer la peau est fait couramment pour identifier un certain nombre ou genres d'allergènes, y compris les substances inhalées comme le pollen. Normalement, c'est ce qui est fait en premier. Lorsque l'histoire de cas a donné des indices de causes possibles, une goutte de la substance ou des substances en cause est placée sur la peau, habituellement à l'avant-bras, et on la fait pénétrer avec une aiguille ou un petit scalpel. Si vous êtes allergique à cette substance, en quelques minutes, la peau piquera, deviendra rouge et enflée: une réaction allergique typique. Très peu d'allergène est utilisé et seulement des substances courantes, c'est donc parfaitement sécuritaire. La réaction s'atténue en quelques heures.

Test au moyen du disque transdermique

On s'en sert pour les allergies dermatiques, comme l'eczéma et la dermatite. Une petite quantité de l'allergène potentiel est placée sur un disque transdermique appliqué sur la peau, habituellement dans le dos. Deux ou quatre jours plus tard, les disques sont vérifiés pour détecter une réaction allergique, généralement une éruption d'eczéma à cet endroit.

La plupart des centres de détection d'allergies ont l'éventail des allergènes communs auxquels les gens sont sensibles, comme le nickel, le chromate ou le caoutchouc et d'autres plus spécifiques reliés au travail, comme les extraits de céréales pour le boulanger, et pour les autres industries, des substances à problème comme les huiles refroidissantes.

Test sanguin

Un certain nombre de tests sanguins existent pour l'identification des allergies et un des plus fréquents est le test RAST (radio-allergo-absorbant). Un petit échantillon de sang est prélevé et envoyé au laboratoire où la quantité d'IgE (l'anticorps immuno-globuline E) est mesuré à certains allergènes spécifiques. S'il est plus élevé en présence d'une certaine substance, par exemple la mite de poussière domestique, cela indique la présence d'une allergie.

Le test ELISA de sensibilité aux aliments est un test sanguin fait pour détecter l'IgG particulier aux aliments (immuno-globuline G, un autre anticorps présent dans certaines allergies). Ces tests servent à identifier non seulement les véritables allergies mais aussi les sensibilités. Ils furent inventés aux États-Unis et sont connus depuis peu au Royaume-Uni. Ils servent surtout comme support aux tests traditionnels et aux diètes par élimination, probablement plus fiables.

Test de respiration

Une clinique spécialisée dans les allergies peut mener d'autres tests sur l'asthme, par exemple des tests de respiration employant une machine appelée vitalographe qui mesure la force des poumons dans l'exhalation. Des tests de sensibilité des poumons peuvent être faits en demandant au patient d'inhaler la substance pour détecter si elle est irritante.

Avec tout test, cependant, il est toujours important de vous rappeler que votre histoire de cas est primordiale. Il est possible d'avoir des anticorps à une substance sans manifester de symptômes allergiques. Même si le test indique que vous êtes sensible à une certaine substance, elle peut ne vous avoir causé aucun problème et il est possible que vous n'ayez jamais à vous compliquer la vie pour l'éviter.

Traitements médicaux

Les chapitres précédents ont traité des diverses causes d'allergies et des différents types de réactions. Conséquemment, il n'y a pas un «traitement» unique ou même un seul traitement efficace. Les traitements mentionnés ci-dessous peuvent soulager l'inconfort des symptômes et prévenir ou arrêter les crises d'asthmes ou l'anaphylaxie, dangereuses pour la vie, mais ils ne «traitent» ni ne guérissent l'allergie sous-jacente ou la tendance allergique. Malgré tout, ils sont utiles pour réduire les symptômes à court terme.

Dans le cas de tout traitement d'allergie, cependant, il est important de continuer à faire des efforts pour réduire les contacts à l'allergène qui vous est contraire. Ce n'est pas bon de prendre des médicaments tout en continuant de vivre ou de travailler dans une atmosphère poussiéreuse ou de laisser le chat dormir sur le lit.

Traitements

Il y a deux principaux genres de traitement des allergies qui s'appliquent à plusieurs symptômes différents et dans lesquels se retrouvent la majorité des médicaments:

- Préventifs: utilisés pendant que la personne souffrante se sent bien, pour prévenir une crise de fièvre des foins ou d'asthme par exemple.
- Soulageants: utilisés lorsque les symptômes ont commencé, pour réduire leurs effets.

Préventifs

Ces médicaments devraient être employés régulièrement pour prévenir l'apparition des symptômes. Dans le cas de la fièvre des foins, le traitement devrait débuter avant que la saison fatidique ne commence, parce que l'effet peut prendre un certain temps à se manifester. Le cromoglycate de sodium, un médicament anti-inflammatoire, sert à un large éventail de traitements des allergies. Il doit être pris régulièrement pour prévenir les crises.

Dans la fièvre des foins et la rhinite, il fait effet directement sur les leucocytes, en prévenant l'interaction avec le pollen responsable de l'irritation. Il est disponible sous forme d'inhalateur ou en gouttes pour les yeux; il peut être pris par des enfants, ce qui le rend très utile dans le traitement de l'asthme atopique chez les jeunes.

Le cromoglycate de sodium peut être prescrit sous forme de pilule pour l'urticaire et il est efficace dans la prévention de certains types d'allergie soudaine aux aliments. Le sodium de nédocromil est un autre médicament à effet similaire.

Les corticostéroïdes, connus habituellement (et faussement) sous le nom de stéroïdes, ne doivent pas être confondus avec les stéroïdes anabolisants employés par certains athlètes et gymnastes pour améliorer leur performance. Ils sont une thérapie préventive, sous forme d'inhalateur, pour l'asthme et la fièvre des foins; ils réduisent l'inflammation, l'enflure et le mucus des voies respiratoires qui rendent la respiration difficile. Ce sont des médicaments puissants, habituellement prescrits en petites doses, au moins pour commencer. Ils peuvent aussi être absorbés sous forme de pilule à dose plus forte pour l'asthme ou l'eczéma graves. Il y a des risques à l'emploi des stéroïdes (voir plus bas), mais c'est surtout pour leur utilisation à long terme sous forme de comprimés, plutôt que pour les stéroïdes inhalés. Pour les crises d'asthme particulièrement fortes, un médecin ou une infirmière peut injecter un stéroïde.

Les corticostéroïdes en crème sont communs dans le traitement de l'eczéma et contribuent, là aussi, à diminuer l'inflammation. Ils doivent être appliqués régulièrement, mais seulement à l'endroit où l'eczéma se manifeste et en dose la plus faible possible.

Plusieurs parents sont inquiets d'un emploi à long terme des stéroïdes par leurs enfants, c'est pourquoi on les réserve surtout pour le traitement des adultes. Ce sont des médicaments efficaces mais dont les effets secondaires sont connus, comme l'arrêt de croissance et l'amincissement de la peau. C'est pourquoi on les prend en faible dose et pour le moins de temps possible. Par ailleurs, il est important de ne pas arrêter le traitement aux stéroïdes brusquement, car les symptômes peuvent réapparaître de façon plus forte.

Soulageants

Les antihistaminiques sont utiles dans le traitement des symptômes après leur déclenchement, surtout dans les cas de fièvre des foins, rhinite, urticaire et eczéma. Ils agissent en bloquant la production d'histamine dans une réaction allergique. Ils sont particulièrement utiles dans le traitement des symptômes affectant les yeux et le nez lors de fièvre des foins et de rhinite, y compris les éternuements et les écoulements. La plupart sont pris en capsules et plusieurs sont disponibles en pharmacie sans prescription. Ils sont efficaces pour les symptômes faibles et modérés.

L'inconvénient passé des antihistaminiques était l'effet de somnolence produit chez les utilisateurs; les nouveaux antihistaminiques ne déclenchent pas cette réaction. L'effet est rapide, en moins d'une heure ou deux. Pour obtenir des effets maximaux, dans le cas de la fièvre des foins, le traitement préventif devrait commencer bien avant que les symptômes ne se manifestent, afin que l'effet se fasse sentir dès le moment où la saison fatidique commencera.

Les pilules d'antihistaminiques sont efficaces pour certaines personnes affligées d'eczéma, mais les crèmes doivent être évitées parce qu'elles peuvent produire d'autres réactions dermatologiques.

Les crèmes antihistaminiques constituent cependant le principal traitement de l'urticaire. Comme l'urticaire est souvent causé par une allergie ou une intolérance alimentaire ou médicamenteuse, l'objectif premier est de trouver la cause et d'essayer de l'éviter. Les crèmes non médicamentées et la lotion calamine peuvent soulager l'irritation. Des crèmes antihistaminiques spéciales sont disponibles pour les piqûres d'abeilles et de guêpes et si la réaction est grave, on peut appliquer une crème légère de corticostéroïde (hydrocortisone). Des lotions calmantes comme la calamine ou l'eau d'hamamélis peuvent apaiser la sensation de brûlure venant de la piqûre. Si la réaction est très grave (anaphylaxie) et se manifeste par de l'enflure, des difficultés de respiration et peut-être une perte de conscience, le patient doit être amené à l'hôpital d'urgence pour un traitement à l'adrénaline. Les piqûres dans la bouche et sur les petits enfants doivent être prises au sérieux et vérifiées par un médecin.

Les décongestionnants ont un effet local de dégagement du nez et sont efficaces pour la fièvre des foins, mais doivent être utilisés seulement à court terme.

Pour l'asthme, certains médicaments de «soulagement» peuvent être employés, tels les broncho-dilatateurs (salbutamol, terbutaline ou salmétérol) qui détendent les voies respiratoires durant une crise et les anticholinergiques (par exemple le bromure ipratropium) qui réagissent lentement mais dont l'effet prolongé permet de détendre les muscles lisses des voies respiratoires. La gamme des inhalateurs de prévention ou de soulagement est vaste pour tous les âges et les niveaux de coordination.

Lors d'une crise d'asthme grave, le patient doit être amené d'urgence à l'hôpital. En dépit de nos connaissances actuelles sur l'asthme, les morts évitables dues à ce problème continuent d'augmenter dans le monde occidental. Un retard peut causer la mort.

Traitements dermatologiques

Le goudron de houille est un traitement ancien pour l'eczéma, mais il peut aussi servir à soulager les démangeaisons et la desquamation de la peau. À noter, c'est salissant et ça tache les vêtements. Des pansements de goudron de houille sont disponibles.

Certains médecins choisissent des enveloppements humides pour un eczéma répandu chez les bébés et les petits enfants. Les bandages sont trempés dans l'eau et couverts d'une crème hydratante ou d'un corticostéroïde faible. Le traitement soulage et peut aider l'enfant à dormir.

Les émollients ou hydratants jouent un grand rôle dans le soin de l'eczéma. Un vaste choix est disponible. Ils sont composés d'un mélange d'huiles, de gras et d'eau et se présentent sous forme de crèmes, de lotions, d'onguents et d'huiles médicinales pour le bain. Leur but est de redonner à la peau les huiles et l'humidité perdues à cause de l'eczéma. Vous devrez peut-être en essayer plusieurs avant de trouver celui qui vous convient. Rappelez-vous qu'on peut devenir sensible à l'un des ingrédients de l'émollient, c'est à surveiller et on peut changer de produit au besoin.

Antibiotiques et antifongiques

Les infections secondaires sont fréquentes dans les cas d'eczéma. Si le patient se gratte trop, l'eczéma peut devenir purulent. Des antibiotiques seront nécessaires pour guérir l'infection. Du muguet (candida) peut se manifester si l'eczéma est situé dans une région délicate comme l'oreille ou l'aine. Une médication antifongique peut être prescrite pour guérir ces régions.

Cyclosporine

C'est un puissant immuno-suppressif utilisé lors de transplantations ou pour le psoriasis. Il peut être prescrit par un dermatologue dans des cas sérieux d'eczéma chez les adultes, là où les autres traitements ont échoué. On le prescrit habituellement pour de courtes périodes, car il a des effets secondaires particulièrement désagréables et doit être vérifié de près par un médecin spécialiste. On aura recours à ce traitement pour les cas les plus graves d'eczéma, car ses effets secondaires peuvent dépasser ses bienfaits possibles.

Allergies alimentaires

Le premier traitement de l'allergie ou de l'intolérance alimentaire est d'éviter l'aliment problématique. Le cromoglycate de sodium mentionné plus haut peut contribuer à la prévention de réactions immédiates aux aliments, mais peu d'aide médicale est disponible pour les problèmes à long terme. Les personnes souffrant de réactions graves comme l'anaphylaxie devraient être hospitalisées immédiatement ou avoir un compagnon ou un parent qui a toujours sur lui un traitement d'urgence à l'adrénaline et qui sait comment l'administrer. Des traitements diététiques pour les allergies, les intolérances alimentaires et autres problèmes allergiques sont indiqués au Chapitre 9.

Immunothérapie par injection ou désensibilisation

Ce genre de traitement de l'allergie, développé au début du 20e siècle, est offert aux États-Unis et en Europe. Son emploi a été réduit au Royaume-Uni ces dernières années à cause de réactions anaphylaxiques: il est offert seulement dans des centres spéciaux pour allergies, ayant des soins d'urgence disponibles.

La désensibilisation consiste à injecter à la personne allergique des doses d'allergène, minimes d'abord, puis augmentées, afin de stimuler la production d'anticorps qui bloqueront la réaction allergique. Cette technique était hasardeuse dans le passé et a donné lieu à des effets secondaires, parfois à des réaction fatales.

Les meilleurs résultats de l'immunothérapie se retrouvent dans le traitement de la fièvre des foins qui est mal contrôlée par la médecine conventionnelle et pour l'hypersensibilité aux piqûres de guêpes et d'abeilles.

Désensibilisation potentialisée par enzyme

Cette désensibilisation implique le mélange des antigènes concernés avec une enzyme naturelle et l'injection ou l'application de ce mélange sur la peau. Ce traitement, offert par certains centres spécialisés, a réussi à rétablir la tolérance en un ou deux ans, lorsqu'administré à des intervalles de un à trois mois.

Injections de neutralisation ou technique miller

Seuls certains centres spécialisés offrent cette technique. Elle consiste à injecter au patient une quantité minime de son allergène, fabriqué pour lui seulement. Ici, contrairement à la désensibilisation conventionnelle, seulement une très petite dose est employée et elle est graduellement diluée, jusqu'à ce qu'elle soit à peine capable de susciter une réaction. On apprend au patient à se donner lui-même son injection, et au fur et à mesure que ses symptômes s'améliorent, il y a recours moins souvent. La neutralisation peut aussi se faire au moyen de gouttes sous la langue, utiles pour ceux qui craignent les aiguilles.

Vaccins

Puisque les allergies agissent sur le système immunitaire, un vaccin (comme ceux employés pour la prévention des maladies tropicales ou de l'enfance, telles la typhoïde, l'hépatite, la rougeole, la coqueluche) peut être efficace dans leur prévention. La recherche dans ce domaine est encore jeune, mais au moment d'écrire ce livre, une petite compagnie de recherche thérapeutique de Cambridge, au Royaume-Uni, a terminé la première étape d'essais d'un vaccin qui pourrait prévenir l'allergie aux arachides.

Le vaccin agit en bloquant le mécanisme qui déclenche la réaction immunitaire. Si d'autres essais du vaccin sont concluants, un principe semblable pourra être mis au point pour protéger des autres allergies.

Les traitements abordés dans ce chapitre s'attaquent aux symptômes des allergies, mais si la personne arrête de prendre le médicament, le problème réapparaît. Le but des thérapies naturelles, décrites dans la suite de ce livre, est d'améliorer la santé générale du corps, de l'esprit et du coeur et de régler le problème sous-jacent pour ainsi faire disparaître les symptômes d'allergie.

CHAPITRE 6

Les thérapies naturelles et l'allergie

Introduction aux «alternatives douces»

L'incroyable rapidité des découvertes scientifiques et médicales de ce siècle a permis aux médecins de guérir et de prévenir plusieurs genres de maladies. Au fur et à mesure que les connaissances augmentaient, que les médicaments et l'équipement devenaient plus complexes, la profession médicale et le public en général ont mis toute leur foi en ces médicaments et ces traitements de la médecine moderne, abandonnant progressivement les thérapies naturelles pratiquées par nos ancêtres, comme l'herborisme, l'emploi des huiles essentielles et les massages, les rejetant parce que «non fondés scientifiquement».

Ces dernières années, nous avons commencé à comprendre que la médecine conventionnelle ne peut pas tout guérir, surtout les problèmes chroniques ou à long terme comme les allergies, les migraines, l'arthrite, le cancer. Les gens reviennent donc massivement aux thérapies naturelles, qui peuvent avoir un effet non seulement en soulageant les symptômes mais en traitant l'esprit, les émotions et les énergies du corps. De plus, il est maintenant prouvé que certains médicaments puissants nous font du mal, et d'ici à ce que nous soyons mieux renseignés sur leurs effets, de plus en plus de gens ne voudront pas risquer leur santé à long terme.

Heureusement pour les nations industrialisées, des pays comme la Chine et l'Inde ont continué à pratiquer leurs thérapies traditionnelles en même temps que la médecine moderne faisait son chemin; nos praticiens ont pu apprendre d'eux. Plusieurs de ces thérapies, comme le ayurveda de l'Inde ou le système médical chinois, sont très anciennes. Même si la documentation «scientifique» fait défaut, elles ont survécu au test du temps et gagnent maintenant en popularité dans le monde industrialisé. Plusieurs thérapies occidentales ont aussi été revivifiées et raffinées.

Cette tendance se propage. Environ 30 pour cent d'Américains ont consulté un praticien complémentaire. Les mêmes données se retrouvent dans d'autres pays développés, surtout chez les gens aux prises avec des problèmes chroniques, dont plusieurs d'origine allergique, pour lesquels la médecine conventionnelle n'a pas de réponse.

Les médecins traditionnels sont de plus en plus ouverts aux thérapies alternatives. Plusieurs médecins de famille reçoivent une formation en thérapie naturelle, surtout en homéopathie ou en acupuncture. De plus en plus d'hôpitaux offrent aussi ces services ou informent les gens sur des thérapies ou des praticiens qui pourraient les aider.

L'esprit aussi bien que le corps

Plusieurs praticiens complémentaires considèrent que la réduction de l'anxiété est un préalable à la bonne santé. Ils croient que si le corps est anxieux et stressé, il ne peut fonctionner adéquatement et que le mauvais fonctionnement d'un secteur affecte tous les autres. L'approche complémentaire est particulièrement appropriée pour les personnes allergiques, parce que même si leur problème n'est pas «causé» directement par le stress, il génère du stress et de la détresse qui aggravent leur état. Tel que discuté précédemment, une allergie peut souvent s'attaquer à plus d'une partie du corps. L'approche «holistique», utilisée par plusieurs thérapies complémentaires qui s'adressent à la personne entière, esprit, corps et âme et pas seulement à ses symptômes, vise à solutionner le problème sous-jacent qui est à l'origine première de l'allergie.

Pourquoi consulter un thérapeute naturel?

Les gens se tournent vers la médecine naturelle pour des raisons variées. Plusieurs commencent à chercher des solutions différentes parce qu'ils sont désillusionnés après des années de traitements médicaux conventionnels qui n'ont pas résolu leurs problèmes. Selon un sondage britannique, trois personnes sur quatre qui vont chez un praticien complémentaire le font pour des problèmes que la médecine conventionnelle n'a pas résolus. Un autre sondage sur des patients allant dans un centre de santé naturelle montra que la majorité avait un problème de longue date, d'une durée moyenne de neuf ans.

Certaines personnes essaient des thérapies alternatives en dernier ressort, avant de commencer une thérapie conventionnelle qui peut inclure des médicaments puissants, générant des effets secondaires déplaisants. D'autres préfèrent simplement une approche différente par des thérapeutes qui passent plus de temps avec leurs clients.

Actuellement, un grand effort est mis sur le soin de notre santé. Nous sommes encouragés à manger sainement, à faire de l'exercice et à vérifier si nous avons des «bosses et des kystes». Plusieurs lisent des livres et des magazines à propos de leurs problèmes et s'attendent à discuter de leur cas s'ils deviennent malades, car ils ne se satisfont pas d'une simple prescription. Ainsi, certaines personnes choisissent un thérapeute naturiste parce qu'ils aiment discuter de la meilleure solution pour eux, ils apprécient le temps que le thérapeute passe avec eux et ont l'impression qu'ils sont considérés comme une personne entière, plutôt que comme un ensemble de symptômes.

Les principes de la médecine naturelle

Même si la médecine alternative revêt plusieurs formes, presque toutes les thérapies partagent les mêmes principes:

- Elles travaillent de façon «holistique», ce qui signifie qu'elles vous traitent comme un tout, esprit, corps, âme, et non seulement comme un amas d'émotions ou une machine qui se détraque. Les thérapeutes prendront en considération votre personnalité, vos émotions et votre style de vie aussi bien que les influences externes, votre environnement et vos relations sociales.
- Elles croient que la bonne santé vient de l'équilibre émotif, physique, mental et spirituel, et

que le déséquilibre déclenche le «malaise» et la maladie. Dans certaines thérapies, cet équilibre est en relation avec une «force vitale» ou énergie qui parcourt le corps et l'univers. Dans la médecine chinoise on l'appelle le *chi* ou *qi* (prononcer «chi») qui prend la forme de deux forces opposées, le *yin* et le *yang*, symbolisant les contraires de la vie, comme le féminin et le masculin, la douceur et la force, l'intellect et la passion, le froid et le chaud et ainsi de suite. En Inde, cette force est connue sous le nom de *prana* et au Japon c'est *ki*. Les thérapeutes naturistes utilisent une variété de méthodes comme les aiguilles d'acupuncture, le massage et la médita-tion, pour activer ou rediriger la force de vie.

- Elles croient que le corps possède une habileté naturelle à se guérir lui-même et que la fonction du traitement est d'aider nos propres pouvoirs de guérison. Plusieurs voient les symptômes comme le résultat des essais par le corps de se guérir et sont convaincus que plutôt que d'essayer de guérir les symptômes, le traitement doit travailler à la racine du problème. À cause de ceci, vous pourrez recevoir une prescription qui semble n'avoir rien à voir avec la raison pour laquelle vous avez consulté le thérapeute.

- Quelle sorte de personne êtes-vous? Votre person-nalité, vos émotions, votre contexte sont aussi importants que l'état dans lequel vous vous trouvez quand vous décidez du traitement que vous devriez recevoir. Ceci signifie que deux personnes ayant la même maladie peuvent prendre des médications différentes.

L'hydroscopie ou la radiesthésie est une méthode de diagnostic fondée sur la prémisse que toutes les substances, y compris le corps humain, émettent des radiations identifiables. Un pendule est suspendu au-dessus des centres d'énergie du corps (chakras) et la façon dont il oscille indique les forces et les faiblesses du système énergétique.

Les thérapeutes peuvent se servir de la kinésiologie ou test musculaire pour évaluer les faiblesses de certains points du corps. Le principe appliqué ici est que les aliments ou produits chimiques auxquels un individu est sensible produisent un affaiblissement des muscles en changeant le champ électrique du corps. Une substance suspecte est placée contre le patient, souvent appuyée sur la mâchoire (l'endroit le plus près de la bouche), pendant que le thérapeute appuie sur différents muscles pour comparer les niveaux de résistance. Le test peut continuer pendant l'ensemble du traitement pour constater si les muscles reprennent de la vigueur.

Qu'en est-il de consulter un thérapeute naturiste?

Même s'ils partagent tous plus ou moins les croyances décrites plus haut, vous rencontrerez une grande variété de gens dans les thérapies naturelles, beaucoup plus que chez les médecins de famille. L'habillement ira de conventionnel à informel, voire farfelu. De même, les lieux de travail seront très différents. Alors que certains thérapeutes naturistes font très professionnels, travaillent dans une clinique et sont entourés d'un personnel efficace, d'autres pourront vous recevoir et vous traiter dans leur salon, au milieu de plantes vertes et d'un bric-à-brac domestique. Rappelez-vous que l'image n'est pas garante de l'excellence et que la compétence peut se trouver aussi bien chez l'un travaillant à la maison habillé en jeans que chez l'autre oeuvrant en clinique et portant un complet (voir page 156 pour des moyens de vérifier les qualifications).

Les principes mis de l'avant par les thérapeutes naturistes leur feront utiliser une approche différente de celle privilégiée par votre médecin de famille:

- Les consultations sont habituellement plus longues. La première visite dure rarement moins d'une heure, bien que les traitements soient d'environ 30 minutes.
- On vous posera diverses questions sur vous-même, vos émotions, votre travail, votre famille, vos amis, votre vie sociale, ce que vous mangez et buvez, vos habitudes de sommeil et de détente. Ceci permet au thérapeute de comprendre tous les éléments de votre vie et de les évaluer en rapport avec votre problème.
- La thérapie comprend des conseils sur votre style de vie, diète, exercice, sommeil, émotions et ainsi de suite, ainsi que sur votre médication particulière ou votre thérapie physique.
- La thérapie ne se fera pas seulement en fonction du problème pour lequel vous avez consulté, mais pourra comprendre d'autres aspects qui apparaissent déséquilibrés aux yeux du thérapeute.
- Plusieurs praticiens auront une formation dans plus d'un genre de thérapie, et pourront combiner des approches différentes, les «intégrant» et les «mêlant», pour s'adapter à vous. L'herborisme chinois et l'acupuncture sont souvent pratiqués

ensemble, parce qu'ils présentent deux façons différentes de s'attaquer à un déséquilibre; un thérapeute du stress, par ailleurs, pourra utiliser une combinaison de techniques de détente et d'aromathérapie.

- Les traitements peuvent mettre plus de temps à donner des résultats parce qu'ils sont dirigés vers la racine du problème, plutôt que de simplement offrir un soulagement rapide des symptômes. Ceci peut vouloir dire allouer plus de temps et de patience dans le cas des thérapies naturelles et avoir, dès le début, une connaissance de la manière dont la thérapie fonctionne, afin de ne pas être désillusionné.

- On s'attendra à ce que vous participiez activement au processus de guérison et que vous assumiez plus de responsabilité envers votre santé. Plusieurs approches naturelles demandent que vous changiez certaines choses dans votre vie.

- Vous devrez payer à part les remèdes prescrits et le thérapeute pourra vous les vendre à partir de ses propres réserves. Il peut aussi vous faire payer un tarif horaire, bien que plusieurs thérapeutes offrent des tarifs réduits pour les gens plus démunis.

Diagnostiquer le problème

Les thérapeutes naturistes accordent beaucoup d'importance à votre «histoire». Ils veulent des détails et pourront vous poser des questions sur votre diète et vos habitudes, votre style de vie, votre famille et même des événements de votre enfance. Mais vous rencontrerez aussi d'autres techniques.

Les acupuncteurs prendront vos pouls, au nombre de douze. Chaque pouls représente un système différent, tel le système de rejet des déchets ou celui de la reproduction; leurs pulsations informent le thérapeute des niveaux d'énergie qui s'y trouvent. Le pouls est parfois employé pour tester les allergies alimentaires. Un changement de pulsation lorsque vous mangez ou êtes en contact avec un aliment indique une allergie ou une intolérance. Certains thérapeutes se servent d'une machine spéciale, le Véga, qui teste les allergies, les intolérances et autres problèmes en notant les changements aux points d'acupuncture, bien que peu de recherche ait été faite en ce domaine.

La crise de la guérison

La plupart des praticiens qui suivent le système holistique vous diront que vos symptômes peuvent devenir un peu plus forts avant de s'améliorer et même que d'anciens symptômes réapparaîtront. C'est parce que plusieurs systèmes de la médecine alternative fonctionnent en donnant une poussée aux auto-défenses du corps afin que ce dernier combatte et se débarrasse des toxines ou des infections responsables de la maladie. Souvent, il doit le faire de façon violente, ce qui peut produire plus de symptômes. Cependant, la crise est habituellement courte; l'augmentation des symptômes signifie que les énergies de guérison ont commencé à contrecarrer la maladie.

Est-ce que ça fonctionne?

Plusieurs personnes parlent de succès dans l'utilisation des thérapies alternatives, bien que des preuves «scientifiques» solides soient plus difficiles à obtenir. Cependant, les preuves de l'efficacité de plusieurs traitements augmentent d'année en année. Des chercheurs de l'Université Glasgow en Écosse ont prouvé l'utilité des remèdes homéopathiques pour la fièvre des foins et l'asthme en se servant d'essais rigoureusement contrôlés réalisés par les compagnies pharmaceutiques. Mais il y a des difficultés majeures à tester la médecine alternative de façon conventionnelle.

Les tests scientifiques comparent habituellement un groupe de patients à qui l'on donne un traitement standard avec un groupe qui reçoit un placébo ou «faux» traitement. Cependant, les traitements en médecine alternative sont rarement les mêmes pour des individus différents, parce que les thérapeutes prennent en considération des éléments variés, pas seulement des symptômes, préalablement à la prescription d'un remède. De plus, plusieurs thérapies, comme la méditation et l'acupuncture, n'ont pas recours à la médication et ne peuvent pas être remplacées par un placébo.

Par ailleurs, il est important de se rappeler qu'une allergie ou une intolérance est un problème chronique (à long terme) qui peut parfois s'améliorer et s'envenimer à d'autres moments. Ce problème est influencé par ce qui se passe dans votre vie, vos habitudes alimentaires et autres variables, même le temps qu'il fait. Il peut arriver que vous commenciez une thérapie juste au moment ou vous changez votre savon à lessive, prenez froid ou ne mangez pas de certains aliments pendant quelques semaines. Il peut sembler que le traitement fonctionne à merveille alors qu'en réalité, votre allergie ou intolérance se serait améliorée de toute façon.

Les deux tiers des gens qui furent sondés dans un centre de santé naturelle britannique dirent qu'ils ressentirent une certaine amélioration avec les traitements naturels; et ceux qui croyaient que ces méthodes étaient efficaces, avaient plus de chance d'en tirer des bénéfices. Il se peut que les thérapies alternatives soient plus efficaces sur les maux à long terme appelés des «maladies de civilisation» comme le stress, la dépression, la migraine, les allergies et les intolérances, alors que les traitements orthodoxes sont préférables lorsqu'un soulagement rapide de symptômes aigus est nécessaire.

Que pensent les médecins de la médecine naturelle?

L'attitude des médecins envers la médecine naturelle va du scepticisme le plus complet à une utilisation enthousiaste de ces techniques. Pendant qu'un petit nombre de médecins conventionnels considèrent les thérapeutes naturistes comme des «charlatans», d'autres se forment aux techniques telles que l'herborisme, l'acupuncture et l'homéopathie; mais la grande majorité est au centre, c'est-à-dire ouverte à certaines approches, moins convaincue par d'autres, mais préparée à concéder qu'en général les thérapies naturelles ne font pas de tort et peuvent même faire du bien.

Les réserves les plus fréquentes faites envers la médecine naturelle sont:

• L'absence de recherche conventionnelle sur les effets de plusieurs traitements et la preuve scientifique qu'ils fonctionnent.

- L'incapacité d'expliquer en termes scientifiques conventionnels et en termes médicaux comment les thérapies opèrent.
- La possibilité de passer à côté d'une maladie grave si le patient consulte un thérapeute sans formation médicale plutôt qu'un médecin.
- L'absence de règles sur les compétences professionnelles et l'absence de protection pour les patients dans la plupart de ces disciplines.

Évidemment, il y a des précautions à prendre au moment de choisir un thérapeute et même après avoir commencé les consultations. Elles sont énumérées au Chapitre 10.

CHAPITRE 7

Traiter le corps

Certaines thérapies naturelles pour le traitement des allergies fonctionnent de façon très physique. Elles s'attaquent aux problèmes que vous ressentez à cause de vos allergies ou intolérances et visent à soulager les symptômes mais, contrairement à la médecine occidentale, la majorité d'entre elles vont plus loin que simplement considérer les symptômes qui accompagnent le problème. La plupart des thérapies complémentaires sont «holistiques», s'attachant à la personne entière, ce qui est particulièrement important dans le cas de l'allergie et de l'intolérance, puisque ces problèmes peuvent avoir plusieurs facettes, avec une quantité de symptômes physiques possibles ainsi qu'un fort contenu émotif.

De plus, les thérapies naturelles ont tendance à voir le symptôme exactement pour ce qu'il est; la pointe de l'iceberg et le signe superficiel d'un problème sous-jacent. L'objectif de ces thérapies est de s'attaquer à ce problème, ce qui aura pour effet, s'il est résolu, la disparition des symptômes. Plusieurs thérapies complémentaires considèrent l'allergie sous toutes ses formes, à partir des allergies alimentaires et intolérances, jusqu'à la fièvre des foins ou l'eczéma, comme la manifestation d'un problème caché ou d'un «déséquilibre», alors bien que les symptômes puissent être très différents, une approche générale semblable sera prise.

Un certain nombre de thérapies basées sur des principes occidentaux ou orientaux de médecine traditionnelle, peuvent être efficaces dans le traitement de différents types d'allergies et d'intolérances. Les principales sont:

- Acupuncture
- Acupression
- Shiatsu
- Remèdes chinois aux herbes
- Herbes médicinales
- Homéopathie
- Hydrothérapie
- Ostéopathie
- Ostéopathie crânienne / thérapie sacro-crânienne
- Massage
- Réflexologie
- Buteyko
- Biorésonance

Médecine chinoise

La médecine et le système de santé chinois sont basés sur le principe du chi ou qi, la force de vie concentrée dans nos corps. Pour que le corps soit sain et équilibré, les forces opposées du yin et du yang doivent aussi être équilibrées. Le yin et le yang correspondent à nos concepts des contraires: chaud et froid, mâle et femelle, foncé et clair, actif et passif.

En santé, le courant d'énergie chi voyage librement le long des 12 méridiens, ces canaux qui circulent dans le corps depuis les mains et les pieds vers la tête. Chacun de ces méridiens est relié à un système ou un organe du corps différent. Dans le cas de malaise ou de maladie, le yin et le yang sont déséquilibrés et le flot d'énergie est interrompu. Le long de ces canaux sont situés les points d'acupuncture (les acupoints sont là où le chi est concentré) utilisés dans différentes formes de médecine orientale et c'est en stimulant ces points avec des aiguilles ou des massages que le courant d'énergie peut être rétabli.

Liz, maintenant agée de 30 ans, a souffert depuis l'âge de 18 mois d'un eczéma grave et répandu. Lorsqu'elle était jeune, son état fut attribué à une allergie au lait; même si elle évita les produits laitiers, son eczéma continua jusqu'à l'âge adulte, s'intensifiant parfois, surtout lorsqu'elle était stressée. Le chocolat lui donnait des démangeaisons, bien qu'elle en mange encore à l'occasion.

À l'âge de 23 ans, l'eczéma fit soudainement irruption avec force, couvrant Liz de rougeur et de démangeaison qui mettait sa peau à vif. Après avoir vu un documentaire à la télévision, elle décida d'essayer la médecine chinoise. Le médecin examina sa langue, prit son pouls et posa beaucoup de questions sur son état. Il lui prescrivit ensuite un thé fait d'un choix d'herbes chinoises.

«C'était dégoûtant, surtout que je ne bois pas de breuvages chauds comme du thé ou du café. Lorsque je revis le médecin, il me dit de le boire froid. C'était mieux ainsi.» L'eczéma s'améliora rapidement, mais Liz continua le traitement pendant six mois, jusqu'à ce que l'affection disparaîsse complètement. Au début, elle voyait le médecin de manière hebdomadaire, puis elle diminua progressivement ses visites jusqu'à une fois par mois.

Soudainement, cinq ans plus tard, elle eut une nouvelle réaction, une enflure importante et des zébrures envahirent son corps, de l'urticaire. Son médecin lui fit passer des tests d'allergie et le poulet fut pointé du doigt comme la cause du problème. Ne voulant pas prendre de médicaments, elle retourna voir le médecin chinois qui lui prescrivit un thé et une crème pour le corps faite à partir d'herbes chinoises.

Cette fois, elle opta aussi pour l'acupression: quatre petites graines d'herbe furent appliquées sur les points d'acupression de son oreille et on lui demanda de les tenir chacune à tour de rôle, une minute par jour. «Je sentais un genre de pression, ne pouvant croire que cela fonctionnerait, mais les résultats furent très bons» dit Liz. Elle apprécia aussi être impliquée dans son traitement.

L'acupression dura quatre semaines. Les graines furent remplacées chaque semaine et le traitement total dura environ trois mois. Le problème semble avoir disparu complètement et Liz se sent plus en santé et plus détendue. Elle préfère éviter le poulet depuis cette expérience désagréable et ne boit pas de lait, mais elle se sert de produits laitiers dans la cuisson sans mauvaise surprise.

Le diagnostic chinois est tributaire d'un certain nombre de méthodes. Un praticien peut prendre le pouls des 12 méridiens et examiner la langue. En médecine chinoise, les différentes parties de la langue correspondent aux différents organes du corps et l'apparence, la couleur et le revêtement de la langue indiqueront au praticien l'état de l'organe. Les praticiens orientaux étudient aussi l'apparence générale du patient pour saisir des signes de déséquilibre.

D'autres indicateurs, comme la senteur du corps ou l'haleine du patient, sa préférence pour certains aliments (classifiés entre chauds ou froids et pouvant signaler un déséquilibre des forces du yin et du yang) sont également étudiés.

Acupuncture

L'acupuncture est une pratique chinoise ancienne qui fait partie intégrante de la médecine chinoise traditionnelle. Elle implique l'utilisation d'aiguilles faites d'acier inoxydable, d'argent ou d'or, insérées dans la peau, le long des différents points d'acupuncture, au nombre d'environ 2 000. Les aiguilles sont remuées ou tournées afin de régulariser la circulation du chi le long des méridiens. Elles sont de différentes longueurs et épaisseurs selon l'endroit où elles sont insérées sur le corps.

L'acupuncture a reçu l'appui de plusieurs médecins occidentaux et des médecins de famille pratiquent maintenant une forme simplifiée d'acupuncture pour des problèmes courants. L'acupuncture traditionnelle chinoise est facilement disponible chez des praticiens spécialisés aux États-Unis, en Europe, en Australie et au Royaume-Uni.

La moxibustion, qui s'apparente de près à l'acupuncture, utilise une plante, la moxa (armoise commune) qui est brûlée près du corps, sur le bout d'une aiguille d'acupuncture, afin de produire un

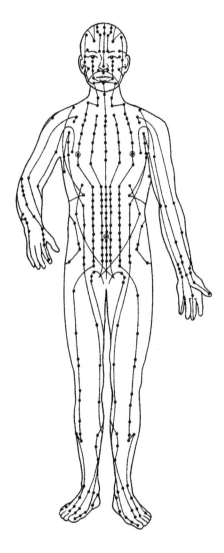

Figure 1. Les méridiens d'énergie en acupuncture

effet de chaleur sur ce point. Aujourd'hui, on offre aussi l'électroacupuncture qui mesure les courants d'énergie en différents points afin de localiser un problème et de le résoudre. Un faible courant électrique est envoyé au patient par de petits poinçons attachés aux aiguilles, afin de trouver les blocages et de procurer un soulagement de la douleur.

L'acupuncture est une pratique sécuritaire pour de nombreux problèmes et elle est particulièrement bonne pour le traitement des allergies et des intolérances en autant qu'on s'adresse à un praticien reconnu qui suit les règles d'hygiène recommandées pour la stérilisation des aiguilles. Les acupuncteurs combinent fréquemment ce traitement avec des thérapies chinoises complémentaires, comme l'herborisme.

La théorie chinoise prétend que l'allergie, que ce soit une allergie aux aliments ou une intolérance, la fièvre des foins, l'asthme ou l'eczéma, est due à un mauvais fonctionnement du foie, le rendant incapable de traiter les protéines extérieures. Un foie sain devrait être capable d'adapter ce qui vient de l'extérieur sans réaction excessive. Les symptômes de l'allergie ou de l'intolérance sont simplement un signe que ce système interne est défectueux. Lorsque le diagnostic a été confirmé par la vérification du pouls et de la langue, les méridiens reliés au système digestif, à la rate ou au foie, seront traités pour être renforcés. L'acupuncture est parfois appliquée en même temps qu'un traitement aux plantes chinoises (voir ci-dessous) parce qu'il offre une façon différente, mais parallèle, de régulariser l'équilibre chi et de renforcer l'organe affecté.

La profession médicale commence à accepter l'acupuncture dans le traitement de l'asthme, même si les médecins insistent pour que les traitements à base de médicaments standards ne soient pas abandonnés.

Acupression

L'acupression est plus vieille que l'acupuncture et remonte à 300 av. J.-C. C'est une thérapie orientale originaire de Chine mais dont des variations existaient dans d'autres pays (voir shiatsu, ci-dessous). Les anciens Chinois découvrirent que la pression sur des points particuliers du corps pouvait soulager la douleur et les malaises. Elle est basée sur les mêmes principes que les méridiens et les acupoints d'acupuncture, mais en utilisant la pression des doigts plutôt que des aiguilles pour ramener le courant du chi aux organes affectés du corps. En Chine, les gens du peuple apprennent la technique de façon à pouvoir pratiquer l'acupression à la maison.

Aujourd'hui, l'acupression peut se faire avec les doigts ou avec des rouleaux conçus expressément pour couvrir plusieurs points en même temps, massant et avançant généralement dans la direction du courant des méridiens. Une explication moderne occidentale de cet effet est que le massage déclenche les endorphines, des hormones corporelles servant à soulager la douleur.

La plupart du temps, l'acupression est tout à fait sécuritaire et on la dit particulièrement efficace pour le soulagement des maux de tête, du mal de dos, de l'asthme, des allergies et des intolérances. Elle est couramment employée avec d'autres thérapies comme le yoga et les plantes chinoises.

Il y a plusieurs types d'acupression venus d'Extrême Orient, comme le shen tao, le do in, le tsubo et le shiatsu (voir ci-dessous) et des thérapies combinées comme le jin shen et le jin shen do, élaborées aux États-Unis, qui utilisent un massage prolongé avec d'autres techniques thérapeutiques.

Les plantes chinoises

L'herborisme, qui existe depuis des millénaires, est central dans la médecine traditionnelle chinoise. Il est encore très pratiqué en Chine contemporaine, à la fois par les gens des campagnes et dans les hôpitaux, où il peut être combiné à d'autres thérapies traditionnelles, comme l'acupuncture ou même à la médecine occidentale orthodoxe.

Même s'ils sont appelés «plantes», les matériaux de base qui composent l'herborisme chinois peuvent aussi comprendre des ingrédients animaux ou minéraux. Faisant suite au diagnostic selon les principes chinois, le praticien compose un «cocktail» d'herbes, particulier au patient, à la fois pour régler son problème mais aussi pour s'adapter à son équilibre yin/yang. Le remède, habituellement fait d'éléments secs pris en infusion ou thé, peut être ajusté régulièrement durant le traitement, au gré des besoins du patient. Selon l'état de ce dernier, les herbes peuvent parfois être prises sous forme de pilule ou de crème.

De la même façon que le yin et le yang représentent des forces opposées, les plantes chinoises sont classées en chaudes ou froides, tièdes ou fraîches, douces ou amères. Elles sont prescrites pour ajuster les déséquilibres de l'énergie dans le chi du patient, et plus spécifiquement dans certains organes (dans le cas d'allergie ou d'intolérance, l'objectif sera souvent de donner de la force au foie, aux poumons, à la rate ou aux reins) ou dans son état mental. Des aliments peuvent aussi faire partie du traitement; ici aussi ils sont classés en chaud ou froid et recommandés selon ces catégories (voir plus haut). Bien que les légumes crus soient un élément important de plusieurs thérapies diététiques occidentales, comme la naturopathie (voir page 144), un praticien chinois dira que si la personne a le rhume et surtout si elle vit dans un climat froid, elle devrait manger des aliments chauds et cuits pour retrouver l'équilibre. Le jeûne (surtout le jeûne intégral) n'est pas recommandé parce qu'on le considère risqué pour des organes déjà affaiblis.

On a beaucoup de succès avec les herbes chinoises dans le traitement de l'eczéma atopique chez les bébés. Les herbes ne sont pas données en infusion, mais appliquées en compresses, crèmes et lotions sur la peau de l'enfant.

Shiatsu

Le shiatsu est la forme japonaise du massage par les doigts, employant les mêmes méridiens et points de pression que l'acupuncture et l'acupression, mais combinant sa technique avec des éléments de d'autres thérapies telles que la physiothérapie et la chiropractie. Le patient repose sur un matelas au plancher, pendant que le praticien de shiatsu exerce une pression sur les acupoints avec le bout des doigts, les pouces, les coudes, les genoux et parfois les pieds. La pression est continuelle et stationnaire.

Le praticien maintient la pression sur les acupoints, plutôt que de se déplacer le long des méridiens comme en acupression; il pourra bercer le patient ou remuer ses bras et ses jambes pour les détendre et les étirer. L'objectif du shiatsu est de restaurer la libre et saine circulation de l'énergie chi. En termes occidentaux, la circulation sanguine est améliorée et le massage contribue à libérer les toxines et la tension des organes, ce qui est très utile dans les cas d'allergies.

En plus de son effet thérapeutique, le shiatsu est aussi profondément détendant. On le recommande particulièrement dans les situations de stress ou dans les cas exacerbés par le stress, comme les allergies et les intolérances.

Homéopathie

Les principes d'homéopathie existent depuis le temps d'Hippocrate au 5e siècle av. J.-C., mais cette thérapie, comme nous la connaissons aujourd'hui, fut élaborée par un médecin allemand du début du 19e siècle, Samuel Hahnemann.

Ce docteur découvrit le principe des «semblables», c'est-à-dire que le «semblable peut guérir son semblable»; en d'autres termes, la substance qui cause les symptômes d'une maladie peut servir à la guérison. Il expérimenta sur lui et découvrit qu'en prenant de petites quantités de quinine, le traitement pour la malaria, il reproduisait les symptômes de la malaria; alors il transposa ce principe à d'autres substances, comme le mercure et l'arsenic.

Le docteur Hahnemann découvrit aussi que la meilleure façon d'éviter les effets secondaires était de diluer la dose le plus possible et il se rendit compte que plus la dilution était faible, plus sa capacité de guérir était forte. Les remèdes homéopathiques sont donc dilués plusieurs fois et brassés à chaque étape, un processus appelé potenciation.

On ne comprend pas encore très bien comment l'homéopathie fonctionne. La dilution est si faible que dans certains cas il ne reste pas de molécules de la substance originale. Ce remède est totalement sans danger et sans effet secondaire. On pense que la solution conserve peut-être une certaine mémoire de la substance originale, potencée par le brassage.

À ce jour, il y a au-delà de 3 000 remèdes homéopathiques sur le marché, la plupart sous forme de pilules à base de plantes, de métaux et de minéraux. La pratique de l'homéopathie est probablement la thérapie complémentaire la plus acceptée et pratiquée par la profession médicale et elle est soutenue par une abondante recherche scientifique. Le docteur David Reilly, un homéopathe de Glasgow en Écosse, a mené plusieurs essais à la manière de la médecine conventionnelle qui ont prouvé avec force que le traitement homéopathique est plus efficace que le placébo dans la fièvre des foins et l'asthme.

Les homéopathes croient que le corps peut se guérir lui-même et que les symptômes comme l'inflammation, le vomissement, le nez qui coule et ainsi de suite, comme on le voit dans les allergies et les intolérances, sont un signe que le corps combat l'infection. Ainsi, ils ne prescriront pas un remède qui supprime les symptômes, mais plutôt un qui produit des effets similaires, de façon à «stimuler» le corps pour qu'il déclenche ses propres forces de guérison.

Dans la fièvre des foins par exemple, l'allium cepa (fait à partir d'oignons rouges) peut être utilisé parce qu'il fait mouiller les yeux et aide ainsi ce symptôme.

Puisque l'homéopathie cherche à traiter la personne entière plutôt qu'une maladie particulière, l'homéopathe prendra en compte l'histoire de cas, y compris plusieurs détails sur le style de vie de la personne et sur son état mental et émotif. Ainsi, le traitement de deux personnes ayant des problèmes apparemment similaires sera différent alors que des personnes dont les maladies sont différentes pourront s'apercevoir qu'elles sont traitées avec le même remède.

Certains homéopathes, qui se spécialisent dans les tests d'allergies et leur traitement, offrent un genre de désensibilisation homéopathique appelée «isopathie». L'homéopathe testera diverses allergies ou intolérances en se servant soit de tests dermatologiques, soit d'une machine Véga, qui mesure les niveaux d'énergie aux points d'acupuncture. Alors, plutôt que de traiter le patient avec une substance qui produit un effet similaire, un remède fait sur mesure est préparé avec la substance qui cause l'allergie ou l'intolérance. Si la désensibilisation se réalise, l'allergie ou l'intolérance peut être liquidée en aussi peu que six semaines.

Certains remèdes homéopathiques réguliers sont disponibles dans les pharmacies et les magasins d'aliments naturels, y compris un remède appelé *30 pollens variés* pour la fièvre des foins, mais comme ils peuvent réussir ou non, pour de meilleurs résultats il est préférable de consulter un homéopathe qui donnera une prescription adéquate. L'homéopathie n'est pas recommandée pour le traitement d'une réaction aiguë et grave comme l'anaphylaxie, alors qu'un traitement médical s'impose d'urgence.

JOHN (DÉSENSIBILISATION HOMÉOPATHIQUE, AVEC DIÈTE ET DÉTENTE)

John, dans la quarantaine, était propriétaire d'une petite compagnie de génie. Il passait beaucoup de temps au volant de sa voiture, à la recherche de contrats pour sa compagnie. C'était un travail stressant, comportant beaucoup de déplacements et des échéances serrées. Il souffrait de colite ulcéreuse depuis un certain temps et d'inflammation intestinale douleureuse causant de la diarrhée. Il avait aussi perdu beaucoup de sang et était émacié. Cette maladie l'empêchait de respecter son horaire chargé, ce qui lui faisait perdre des contrats et le stressait encore plus.

John fut examiné pour des allergies à l'aide d'une méthode modifiée et simplifiée de tests musculaires. L'atrophie musculaire se manifestait en présence du lait de vache, du blé, des oeufs, des émanations provenant des voitures et du diésel à cause de son travail, indiquant une allergie à ces substances. Les polluants atmosphériques ne le firent pas réagir.

John était trop émacié, malade et stressé pour commencer une désensibilisation, alors les thérapeutes modifièrent sa diète pour éliminer les aliments auxquels il était allergique. Les saignements arrêtèrent après une semaine. On lui enseigna la détente et lui conseilla un changement de style de vie afin de réduire le stress et de renforcer son corps. Lorsque son système fut plus

fort, il commença un programme de désensibilisation dans un centre homéopathique. Pendant
trois mois, John reçut un éventail de traitements
isopathiques préparés spécialement par le centre,
composés à partir des allergènes particuliers
auxquels il était sensible, que l'on renforça pour
en augmenter l'efficacité. Il n'eut pas besoin
d'être traité pour toutes ses allergies, car en s'attaquant aux principales, les plus petites disparu-
rent d'elles-mêmes.

Pendant ce temps, avec sa collaboration, on
passa en revue ses expériences passées et d'autres
sources de stress furent découvertes, sur lesquelles
on travailla. Il n'avait pas une bonne relation avec
sa femme, qui travaillait aussi dans son bureau.
John diminua les déplacements, déménagea de la
maison familiale et réalisa, par la suite, qu'il
travaillait mieux avec sa femme au bureau.

John n'a plus de colite ulcéreuse. Selon ses
thérapeutes, il aura probablement toujours une
prédisposition génétique aux allergies, mais s'il
contrôle son stress et vit sainement, il n'y a pas de
raison pour que ses problèmes reviennent.

Médecine par les plantes

Presque toutes les cultures du monde ont une
tradition de médecine par les plantes, pratiquée par
ceux qui cultivaient et recueillaient les herbes.
C'étaient habituellement des «guérisseurs» ou des
vieilles femmes, que l'on croyait auréolés de
pouvoirs magiques ou qui pratiquaient vraiment la
sorcellerie. Avec la venue des produits pharmaceu-

tiques, les pays développés perdirent leur héritage d'herbes et de plantes. Heureusement, les connaissances en herboristerie ne furent pas complètement perdues. Constatant que les médicaments ne fonctionnent pas toujours et qu'ils ont des effets secondaires indésirables, les gens se tournent d'ailleurs de plus en plus vers l'herboristerie.

Les plantes servant à la médecine ne sont pas celles qui servent en cuisine. Une plante médicinale peut signifier n'importe quelle plante ou fleur qui est employée pour ses vertus curatives, parmi lesquelles plusieurs étaient connues depuis des siècles, même si on n'en comprenait pas complètement le fonctionnement.

Plusieurs médicaments modernes trouvent leur origine dans les plantes; l'aspirine, par exemple, contient l'acide salicylique trouvé dans la spirée; le médicament digitaline utilisé par les cardiaques est dérivé de la digitale que les herboristes utilisent pour les mêmes fins. Une différence importante, cependant, est que les herboristes emploient la plante entière, plutôt qu'en extraire seulement l'agent actif, parce qu'ils croient que toutes les parties de la plante aident à équilibrer et contrebalancer la toxicité des ingrédients puissants et actifs.

Le principe de «synergie», par lequel la force de toute la plante est plus grande que celle de ses parties individuelles, est aussi important: les différentes parties de la plante sont nécessaires pour travailler ensemble à produire un effet plus fort.

Les remèdes de plantes se présentent normalement ainsi:

- **Infusions**: les plantes sont infusées dans l'eau bouillante comme le thé.

- **Décoctions**: les parties ligneuses mijotent dans l'eau, sont filtrées et bues chaudes.
- **Tisanes**: les herbes sont vendues sous forme de sacs de thé et employées de la même façon.
- **Teintures**: mélanges concentrés d'alcool et d'herbes.
- **Compresses**: un linge trempé dans une infusion est placé sur l'endroit d'une plaie ou d'une inflammation.
- **Cataplasme**: les plantes d'une infusion sont enveloppées dans un linge placé sur la plaie ou sur l'inflammation et gardé chaud.

Même si les principes de l'herborisme occidental sont très différents de ceux de l'herborisme chinois, ils ne sont pas complètement opposés et certains praticiens sont experts dans les deux domaines. Les plantes occidentales sont souvent utilisées de façon similaire, pour leurs propriétés rafraîchissantes, réchauffantes, reposantes, stimulantes ou astringentes.

Un herboriste peut vous renseigner sur les remèdes adaptés à votre allergie ou intolérance, à la fois pour calmer les symptômes et pour réduire le stress causé par un problème de santé prolongé. Les cataplasmes peuvent être utiles dans le traitement de l'eczéma. Un cataplasme fait de chou frisé de Milan, de thé de souci ou d'un onguent est bénéfique pour l'inflammation et les démangeaisons, le baume de Gilead soulage des problèmes graves de peau et l'herbe de St John soulage l'inflammation et les cloques en même temps qu'elle chasse les insectes. L'origan est utile pour les morsures et les piqûres, les maux de tête, les douleurs musculaires et les plaies. Le thé de camomille est largement disponible et populaire pour ses propriétés calmantes et apaisantes.

Il est important de se rappeler que l'herborisme est une spécialité. Certaines plantes, bien qu'efficaces si on les utilise correctement, deviennent toxiques et même poisons si on en prend trop. Il est donc recommandé de consulter un praticien avant de se traiter soi-même.

Ostéopathie

Comme beaucoup de thérapies complémentaires, la manipulation du corps fut pratiquée pendant des centaines d'années, pour évoluer en une thérapie moderne. L'ostéopathie est maintenant bien établie et largement acceptée par la profession médicale; thérapie respectable, elle a enfin obtenu ses lettres de créance. Aux États-Unis, les ostéopathes sont aussi des médecins et sont consultés par 100 millions de personnes par année.

Les ostéopathes considèrent le corps comme un système complet et intégré, avec une structure osseuse, des organes, un esprit et des émotions étroitement interdépendants, ce qui fait qu'un problème dans un endroit affecte les autres et déséquilibre le tout.

L'ostéopathie fut développée aux États-Unis à la fin du 19e siècle par Andrew Taylor Still, qui voyait le corps comme une espèce de machine et croyait que plusieurs maladies étaient dues à un mauvais alignement de la structure corporelle. L'ostéopathie vise à supporter la structure du corps afin qu'elle puisse fonctionner de façon aussi équilibrée et efficace que possible et qu'elle puisse utiliser son propre pouvoir d'autoguérison pour régler un problème interne. Pour diagnostiquer un problème, l'ostéopathe fera l'histoire de cas du patient et examinera la charpente de son corps pour y déceler un mauvais alignement. Les jointures sont remuées et le corps est examiné par palpation (toucher). La force des muscles et les réflexes sont vérifiés. Le but du traitement est de stimuler le corps à utiliser ses mécanismes internes pour activer ses propres fonctions de correction des déséquilibres. Après que le déséquilibre ou la dysfonction est redressé, le corps peut commencer à se guérir.

Ostéopathie crânienne
et thérapie sacro-crânienne

L'ostéopathie crânienne est une technique développée dans les années 30 qui implique une manipulation délicate du crâne. Elle est particulièrement efficace sur les os souples des nourrissons. Parce que douce et non envahissante, elle est beaucoup utilisée sur les enfants qui présentent un grand nombre de problèmes.

L'ostéopathe américain William Garner Sutherland remarqua que les os du crâne, qui sont séparés à la naissance, se soudent avec l'âge mais conservent une certaine mobilité et sont sensibles à la pression. Il conclut que si les os crâniens sont mal alignés, ce qui peut arriver lors d'une naissance difficile, une dysfonction s'ensuit, qui peut prendre la forme d'une faiblesse du système immunitaire, se manifestant par l'allergie ou l'intolérance. Des maux de tête, des douleurs et des difficultés comme des coliques, des problèmes d'alimentation, le manque de

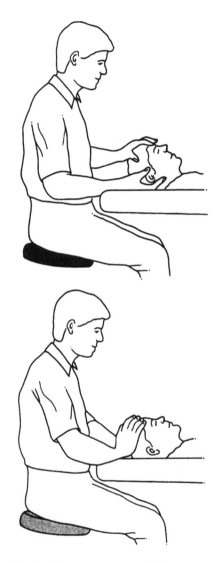

Figure 2. Techniques sacro-crânienne

sommeil et l'irritabilité peuvent en résulter. Sutherland développa une technique consistant à presser et manipuler le crâne, qui lui permit d'ajuster le courant de fluide cérébro-spinal qui entoure le cerveau et la colonne vertébrale et il l'appela le «souffle de vie», car ce courant ramène l'équilibre et permet au corps de se guérir lui-même.

La thérapie sacro-crânienne est une technique plus récente issue de l'ostéopathie crânienne et dont les objectifs sont identiques. Elle se concentre sur le courant du fluide cérébro-spinal entre le cerveau et le sacrum à la base de la colonne. C'est une thérapie encore plus douce qui fonctionne à la fois au niveau physique, non-verbal et émotif, la rendant particulièrement adéquate pour le traitement des petits enfants ou des gens ayant des problèmes douloureux. Le thérapeute est formé à sentir le mouvement du courant et à reconnaître l'endroit ou il est restreint, ce qui pourrait indiquer la cause des problèmes physiques ou émotifs. En «tenant» le corps à l'endroit où le problème se manifeste, le thérapeute lui permet de se libérer de son schéma restrictif, à la fois pour relâcher la tension et libérer l'énergie qui était auparavant utilisée pour contracter le corps.

L'ostéopathie crânienne et la thérapie sacro-crânienne peuvent avoir des résultats spectaculaires, particulièrement chez les enfants, dont les problèmes à long terme peuvent disparaître presque miraculeusement dans une seule session.

Bébé Lucy (thérapie sacro-crânienne)

Lucy avait trois semaines quand sa mère l'amena pour la première fois chez le thérapeute sacro-crânien. Elle avait des coliques, était inconfortable et souffrante après son boire, et en général agitée. Sa peau était sèche. Sa mère, forte de caractère et avec des idées bien arrêtées sur la maternité, était très inquiète et angoissée de ne pouvoir calmer son enfant. L'histoire révéla que Lucy avait eu une naissance difficile et que sa mère avait subi des contractions pendant 36 heures.

Durant la première séance, Lucy fut tendue et garda les yeux fermés. La tenant, le thérapeute pouvait sentir la tension de sa naissance difficile se résorber et à la fin de la séance elle était plus détendue. Les symptômes physiques commencèrent à s'améliorer dès ce moment.

À la deuxième séance, Lucy était encore «difficile» et angoissée, mais l'état de sa peau et les coliques s'étaient beaucoup améliorés. Le thérapeute sentit que le sujet de tension avait changé et commença à comprendre que le bébé adoptait l'anxiété de sa mère. La mère de Lucy était très protectrice et intervenait rapidement lorsque le bébé pleurait. Le siège de la tension chez Lucy avait changé et elle tirait vers l'arrière ses épaules et son pelvis, signe qu'elle n'était pas prête à relâcher son émotion.

Durant la troisième séance, quinze jours plus tard, le thérapeute voulut aider le bébé à laisser aller l'émotion et la tension et demanda à la mère de ne pas intervenir. Lucy commença à ouvrir les yeux et à regarder autour d'elle. Le thérapeute l'appela doucement, l'encouragea à pleurer en gardant le contact des yeux afin qu'elle intègre cette expérience.

Elle se calma graduellement et de petites manifestations d'émotions parcoururent son corps et sa figure. A la fin de la séance, elle était plus détendue que sa mère ne l'avait jamais vue. Les symptômes physiques avaient complètement disparus. Le thérapeute expliqua à la mère qu'elle ne devait pas se sentir coupable chaque fois que Lucy pleurait ou semblait malheureuse, que ce n'était pas un signe de sa faillite comme mère mais simplement une réalité normale.

La dernière séance confirma que Lucy était mieux émotivement et que les symptômes physiques, en tant que manifestation extérieure, étaient complètement guéris.

Massage

Le massage est un terme général appliqué au pétrissage et coups donnés au corps avec les mains. Il procure un sentiment général de détente et de confort et peut aussi soulager la douleur. «Frotter fait du bien» est un acte accompli par toutes les mères et des formes douces de massage sont maintenant appliquées fréquemment sur des personnes très malades dans les hôpitaux et les hospices.

Selon la vigueur appliquée, le massage peut contribuer à stimuler la circulation et le système éliminatoire du corps afin d'éliminer les toxines, de relâcher les tissus et les muscles tendus. Ces résultats améliorent les systèmes respiratoire et digestif, un bénéfice très apprécié par les allergiques. Le massage contribue également à réduire la tension et le stress, il peut stimuler le système immunitaire et procurer au patient une sensation de bien-être chaleureux.

Diverses techniques de massage ont été décrites dans certaines thérapies soulignées dans ce chapitre.

Aromathérapie

Littéralement, l'aromathérapie signifie la «thérapie par la senteur» et se fait par les huiles essentielles. Celles-ci sont des huiles hautement
concentrées, faites par la distillation de l'essence des
feuilles, des fleurs ou des racines. Chaque huile
comporte ses propriétés particulières, physiques ou
émotionnelles. Certaines sont calmantes ou stimulantes, certaines diminuent la douleur et d'autres
peuvent être mises à profit pour combattre ou
prévenir l'infection. La majorité des gens pensent à
l'aromathérapie en termes de technique de massage,
mais les huiles essentielles peuvent être employées
de manières différentes. Par exemple, on peut
remplir une cuvette d'eau chaude et y ajouter
quelques gouttes d'huile pour faire une inhalation;
on peut mettre un peu d'huile dans l'eau du bain ou
sur un linge ou l'employer sur un petit réchaud pour
parfumer la pièce. Une grande variété d'huiles se
trouve dans les magasins pour usage domestique.

Le massage avec l'aromathérapie gagne en popularité car il est à la fois agréable et thérapeutique. Il
agit à plusieurs niveaux: le massage est une détente
et une stimulation et peut servir au drainage lympha-
tique; il stimule le drainage des toxines corporelles
et améliore la circulation. Les huiles bénéfiques sont
inhalées et plusieurs pensent qu'elles sont absorbées
par la peau, bien qu'on n'en soit pas certain, le sujet
étant chaudement débattu.

L'aromathérapeute discutera de votre humeur, de
votre santé, de votre diète et de vos autres préoccupations et choisira deux ou trois huiles appropriées.
Elles seront alors mêlées et ajoutées à une huile
porteuse prête pour le massage. Celui-ci dure

environ une heure et vous laisse complètement détendu. Comme vos priorités et votre situation évoluent, à chaque séance, l'aromathérapeute fera des combinaisons différentes pour vous convenir.

Le but principal de l'aromathérapie, dans le cas des allergies ou des intolérances, est la réduction du stress par l'action du massage et l'emploi d'huiles aux propriétés calmantes, dont certaines sont aussi utiles pour l'asthme et l'eczéma. Il est important de se rappeler que certaines personnes allergiques, surtout celles ayant des problèmes dermatologiques, peuvent être hypersensibles à l'inhalation d'huile ou au massage avec l'huile et qu'un test de peau est préférable avant de commencer. Il faut toujours penser que les huiles essentielles sont très concentrées et ne devraient jamais être avalées ni utilisées telles quelles sur la peau.

Réflexologie

La réflexologie origine probablement de l'ancienne Égypte, mais la thérapie telle que connue aujourd'hui est surtout basée sur les travaux de deux Américains au début de ce siècle, le docteur William Fitzgerald et Eunice Ingham. Ils découvrirent que le corps est divisé en zones et que celles-ci sont «réfléchies» (d'où le mot réflexologie) dans les différentes parties des pieds. La pression et le massage des parties du pied peuvent permettre l'identification des endroits à problème pour les traiter.

En réflexologie, se trouvent dix lignes d'énergie ou zones, qui s'étendent dans le corps, les mains et les pieds. Ceci ressemble au principe de la médecine traditionnelle chinoise, mais les praticiens assurent que le système est différent.

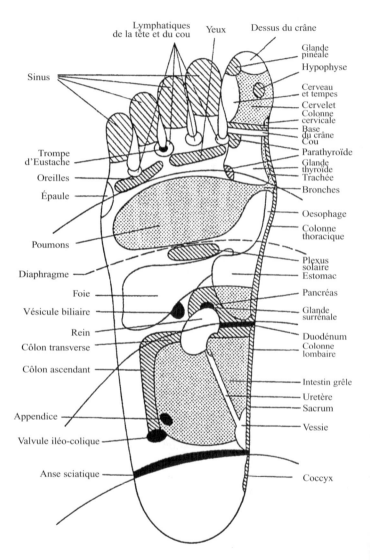

Figure 3. Points de réflexologie sous le pied droit

La réflexologie fonctionne de manière holistique, ce qu'elle a en commun avec plusieurs autres thérapies complémentaires, en s'occupant de la personne entière, plutôt que de seulement se préoccuper des symptômes. Les réflexologistes assurent qu'ils ne posent pas de diagnostic mais qu'ils localisent le problème; plutôt que de «guérir», ils améliorent la sensation de bien-être de la personne, réduisant de ce fait les symptômes. Le praticien examine chaque pied et applique de la pression avec les mains sur différents points. Une sensation aiguë ou de sensibilité indique des dépôts cristallins sous la peau et signifie qu'il y a un problème à l'endroit correspondant dans le corps. Les pieds au complet sont massés, pas seulement les endroits sensibles, afin de traiter le corps entier.

Hydrothérapie

On connaît depuis longtemps le pouvoir guérisseur de l'eau et la prolifération des stations balnéaires en Europe, au 18e siècle, en est la preuve. Littéralement, l'hydrothérapie signifie «traitement par l'eau»; elle peut être simple ou sophistiquée, depuis le bain chaud aromatisé et le sauna jusqu'aux bains minéraux et tourbillons.

Aujourd'hui, l'hydrothérapie peut prendre la forme d'eau minérale bue pour sa valeur médicinale ou de traitements par le bain, la douche ou les exercices aquatiques. Les naturopathes prescrivent souvent l'hydrothérapie comme faisant partie d'un système thérapeutique complet, qui comprendra des traitements alternatifs dans l'eau chaude et froide, des saunas et des bains spéciaux. L'alternance d'eau chaude et froide contribue à revigorer le corps, stimule la circulation, soulage la douleur et détend le système. Il permet aussi d'éliminer les toxines à travers la peau. Certains praticiens recommandent l'emploi de bandages mouillés sur la peau irritée et qui pique, afin que les enfants dorment mieux. Les douches et les lavements sont aussi des formes d'hydrothérapie.

Plusieurs praticiens de disciplines diverses considèrent que nous sommes déshydratés parce que nous ne buvons pas assez, mais aussi parce que parmi ce que nous buvons, le café ou l'alcool nous déshydratent. La réhydratation du corps par l'augmentation de la quantité d'eau minérale bue pourrait fort bien être recommandée comme première étape de plusieurs thérapies.

Il y a plusieurs types de bains pratiqués aujourd'hui: le jacuzzi à gros bouillons qui massent pour un effet thérapeutique, les bains minéraux comme les bains de la Mer morte (recommandés surtout pour l'eczéma), les préparations de bains aux herbes, la thalassothérapie à l'eau de mer, y compris les traitements aux algues. Toutes ces thérapies ont un effet physique, mais sont aussi adoucissantes et apaisantes. Les patients eczémateux devraient recourir à des conseils professionnels avant de mettre certains produits dans leur bain, au cas où leur peau y serait sensible.

Buteyko

Le Buteyko est une méthode de respiration qui vise à promouvoir la bonne santé. Cette méthode, couramment utilisée par les astronautes et les athlètes soviétiques, fut découverte dans les années 50 mais demeura un secret bien gardé jusqu'au moment de la *glasnost*, alors qu'un praticien quitta la Russie pour l'Australie où il commença à enseigner et faire pratiquer les exercices. Puisque peu de gens sont formés à enseigner le Buteyko, il se répand lentement, mais dans les prochaines années, il pourrait devenir plus accessible.

Le professeur Buteyko, un médecin russe, observa des gens malades qui respiraient «trop» et dont la respiration devenait plus forte et plus profonde au fur et à mesure que leur maladie s'accentuait. Il pouvait prédire, par leur respiration, le moment où ils mourraient. À partir de ces observations, il mit au point un programme de «respiration optimale», laquelle, croyait-il, pouvait stimuler le système immunitaire et prévenir le développement de maladies graves. Les exercices de respiration superficielle visent le maintien d'un équilibre entre l'oxygène et le dioxide de carbone dans le corps. Même si nous inhalons de l'oxygène et exhalons du dioxide de carbone, les praticiens de la méthode Buteyko croient que le dioxide de carbone n'est pas uniquement un produit de rejet; une insuffisance de dioxide de carbone peut produire l'hypersensibilité.

Depuis son introduction en Occident, la méthode Buteyko fut employée surtout pour le traitement de l'asthme, mais on la dit aussi utile pour d'autres maladies, y compris les allergies et les intolérances, qui s'améliorent par la stimulation du système immunitaire.

La maîtrise de la respiration en général joue un rôle important dans le contrôle du stress, où l'on retrouve un symptôme commun, l'hyperventilation (respiration exagérée). Il est important pour le patient d'apprendre à respirer adéquatement pour faire face aux crises de panique et d'angoisse.

Biorésonnance

À plus long terme, on recommande de maîtriser les techniques de la respiration lente, profonde mais détendue, pour se débarrasser des attaques d'hyperventilation et ainsi s'en défaire graduellement.

CHAPITRE 8

Traiter l'esprit et les émotions

Un des principaux problèmes des allergies et des intolérances est que les symptômes sont souvent vagues ou indéfinis et que l'on ne trouve pas de cause physique claire au problème. Ceci en soi peut être très déprimant. De plus, quelqu'un souffrant d'eczéma, surtout dans la figure et sur les mains, traîne constamment avec lui un rappel visible et embarrassant de son problème. Enfin, la nécessité de suivre une diète stricte et d'éviter des aliments favoris peut être déprimante.

Un problème à long terme comme l'allergie est inquiétant et s'il ne s'améliore pas avec le temps, il peut augmenter la tension chez la personne souffrante. Il en résulte souvent pour les gens allergiques ou intolérants, du stress et de la dépression. C'est une spirale descendante, car la personne souffrante se sent déprimée de son état, ce qui en augmente les symptômes.

Il existe plusieurs cas où des asthmatiques et des eczémateux deviennent plus mal en point en situation d'angoisse, soit à cause du travail, de l'école ou de la maladie elle-même.

Lorsqu'elles sont stressées, certaines personnes ont des réactions allergiques à des substances qui normalement ne leur causent pas de problème. Lorsque la source de l'inquiétude s'éloigne, l'eczéma ou l'asthme s'améliorent. Nous savons tous que lorsque nous sommes déprimés et émotivement «à plat», nous sommes en moindre forme physique alors que si nous sommes heureux et détendus, nous nous sentons mieux physiquement. Le problème n'est pas juste «dans la tête», mais si l'esprit peut être encouragé à adopter une attitude plus positive, l'effet s'en fera sentir sur le corps. De plus, certains praticiens croient que les crises de panique, la dépression, l'irritabilité et les sautes d'humeur peuvent être des symptômes d'allergie ou d'intolérance. Les thérapies et les remèdes pour ces problèmes émotifs ont une grande valeur.

Stress

De nos jours, de plus en plus de gens subissent du stress. C'est une des plaintes les plus fréquentes de ceux qui s'absentent du travail et un problème difficile à définir. Cela peut être de la tension, de la colère, du surmenage ou un surcroît d'énergie négative. Certaines personnes manifestent leur stress en criant et fulminant, d'autres gardent tout en elles, «raidies» par la pression qui monte jusqu'à ce que tout éclate.

Nous souffrons tous plus ou moins de stress dans le travail sous pression, dans les embouteillages et autres situations frustrantes, mais l'important est d'avoir la capacité de laisser s'échapper la vapeur. L'incapacité de se détendre, d'oublier les problèmes du jour ou l'inconvénient et l'inquiétude d'une situation chronique comme l'allergie ou l'intolérance, ajoute à la tension d'un corps déjà affaibli, le rendant plus vulnérable aux maladies. Si vous trouvez des façons de vous détendre ou de canaliser l'énergie dans des activités positives et créatives, le corps aura plus de facilité à se guérir.

Il est important de se rappeler que tout stress n'est pas négatif. Certaines personnes s'y épanouissent et viennent à bout de leurs projets lorsqu'ils sont sous pression, mais en ayant trouvé des moyens d'utiliser leur énergie positivement. Vous devez contrôler votre stress, ne pas le laisser vous submerger.

Détente

Pour plusieurs personnes, la détente est plus facile à dire qu'à faire. La vraie détente thérapeutique est différente de sortir prendre un verre ou jouer une partie de squash, c'est le relâchement complet de la tension mentale et physique. Il y a plusieurs méthodes pour y arriver, et ultimement, vous devriez pouvoir vous détendre vous-même, permettant à votre corps et à votre esprit de travailler ensemble dans le processus de guérison. Plusieurs praticiens peuvent enseigner des exercices de détente et des volumes sont disponibles sur le sujet. Cela demande de la pratique: vous devez y allouer 20 minutes sans interruption, deux fois par jour si possible, en pratiquant la respiration profonde pour clarifier votre esprit.

Thérapie de flottaison

Ceci comprend une immersion dans une cuve de flottaison, une piscine d'eau salée complètement fermée qui supporte le corps, lui donnant une sensation de légèreté comme s'il était sans poids. Une lumière tamisée et de la musique douce créent un effet de détente profonde.

Autorelaxation

C'est une façon de vous programmer afin de vous détendre à volonté. Vous apprenez une série d'exercices en vue de contrôler votre propre système nerveux, par exemple la pesanteur et la chaleur des bras et des jambes, le battement cardiaque régulier ou la respiration facile, afin que vous puissiez les faire à tout moment pour vous détendre.

Biorétroaction

C'est une façon de surveiller, par un moyen électronique, les états de détente dans le rythme cardiaque, la température corporelle et les ondes du cerveau. Vous apprenez des exercices de détente et à l'aide du moniteur de biorétroaction, vous apprenez tant à reconnaître les signaux du corps, comme l'augmentation du stress, qu'à trouver quelles techniques fonctionnent le mieux pour le contrôler.

Programmation neuro-linguistique

Cette thérapie relativement récente aide les gens à changer leur approche émotionnelle devant certaines situations. On l'utilise fréquemment en affaires pour la formation des vendeurs et elle a prouvé son efficacité dans la guérison des phobies.

C'est une technique mentale qui permet de modeler votre comportement sur les personnes qui font quelque chose de bien, comme de vendre de l'espace publicitaire ou de contrôler sa crainte des araignées. Une technique particulière s'appelle la «dissociation»: les sujets s'imaginent dans un film où ils s'en tirent bien par rapport à leur problème particulier. Lorsque plus tard ils feront face à la même difficulté, ils pourront faire appel à leur mémoire pour mieux contrôler la situation. La technique ne fonctionne pas pour tous, mais chez certains sujets elle peut avoir des résultats étonnants.

Certains thérapeutes se vantent d'avoir eu du succès au niveau du système immunitaire avec cette technique. Un d'entre eux rappelle le cas d'une femme allergique aux piqûres d'abeilles, mais pas aux piqûres de guêpes. Par la programmation neuro-linguistique, elle apprit à imaginer une situation dans laquelle elle était piquée par une guêpe, sans réagir allergiquement, et fut capable de se rappeler le moment où elle fut piquée par une abeille. À partir de ce moment sa réaction allergique s'arrêta. (C'est un exercice qui peut s'avérer dangereux, rapporté ici à titre d'exemple seulement, parce qu'une réaction allergique importante pourrait survenir. Si vous avez une allergie qui met votre vie en danger, ne risquez pas de pratiquer la programmation neuro-linguistique à la maison, consultez un praticien sérieux.)

Visualisation

La visualisation fait appel à l'imagination afin de faire face à des situations difficiles. De plus en plus de praticiens croient que cette technique stimule la capacité de l'individu à se guérir lui-même. Ils rapportent qu'elle fonctionne pour arrêter le développement du cancer et aide dans de nombreuses situations chroniques y compris l'asthme, l'eczéma, les problèmes digestifs et l'hyperactivité, comme aussi des états émotionnels tels que l'anxiété et la dépression.

On suggère aux patients de se servir de leur imagination en créant des images agréables, comme une scène de campagne (ceux qui souffrent de fièvre des foins risquent de déclencher une crise si leur imagination est suffisamment forte) ou une plage, de façon à rappeler cette image lorsqu'une situation stressante se présente. La visualisation permet aux gens de se voir vainqueurs d'une situation difficile ou maîtriser leurs problèmes de santé. Ils peuvent lire dans leur passé, peut-être même le «ré-écrire» de manière à ce que des situations traumatiques puissent être vues à nouveau, avec un dénouement positif.

Trouver «l'avantage secondaire»

Sans le réaliser, certaines personnes se sentent mal pour une raison particulière, souvent pour éviter quelque chose qu'ils n'aiment pas ou par associations désagréables. Par exemple, les questions du thérapeute à une personne allergique aux chats découvrira qu'elle les déteste profondément dans un sens, elle s'est mise dans une situation d'allergie pour avoir une raison plausible de les éviter. Une autre personne pourra avoir une allergie alimentaire, parce que l'aliment en question lui rappelle un événement ou une situation qu'elle juge dérangeante. Inconsciemment, l'allergie ou l'intolérance leur offre un «avantage secondaire», une façon polie de s'en tirer. Le thérapeute peut aider à trouver cet avantage et apporter des solutions sans que le patient ait à subir des symptômes physiques.

Affirmation positive

L'affirmation positive implique la répétition régulière d'un message positif pour soi, un «mantra», que l'on répète à voix haute. Le mantra fameux que nous avons tous entendu est «Chaque jour, de mille et une façon, je vais de mieux en mieux». Mais nous pouvons nous en faire un à notre choix. Il doit être court et direct, peut-être même un seul mot, comme «paix», et doit être répété plusieurs fois par jour, en vous levant et avant d'aller au lit.

La répétition fréquente du message incite à adopter une vision positive, mais elle contribue aussi à libérer temporairement l'esprit des pensées plus négatives qui y circulent.

On dit que l'affirmation ou l'autosuggestion contribue à réduire le stress et la dépression et à améliorer la peau.

Méditation

La méditation est un moyen valable pour permettre à la personne de se recentrer. Ce n'est pas nécessairement une approche «religieuse», même si elle peut être spirituelle.

La méditation permet d'être en contact avec sa voix intérieure, pour que l'esprit soit complètement au repos. Les personnes qui méditent régulièrement peuvent atteindre un état de détente profonde, tout en conservant une conscience passive de ce qui se passe. Les bénéfices à en tirer sont la concentration et la stabilité émotive combinées à une diminution du stress et de la dépression.

Remèdes par les fleurs

Pendant des siècles, surtout chez les aborigènes d'Amérique et d'Australie, les fleurs ont joué un rôle dans la guérison. Or, ce rôle revient aujourd'hui à la mode. Les remèdes sont des «élixirs» délicats, distillés à partir de l'essence des fleurs, très dilués et sans danger. Diluées dans de l'eau de source, quelques gouttes peuvent être prises sur la langue ou dans l'eau du bain. Leur efficacité, cependant, n'a pas encore été démontrée scientifiquement.

Les remèdes par les fleurs ne sont pas destinés à traiter des symptômes physiques spécifiques mais plutôt des états d'esprit qui correspondent à divers niveaux de santé ou de maladie, comme la peur, la panique, l'inquiétude, le choc ou les sautes d'humeur. Ils sont réputés utiles pour aider les gens à se sentir calmes dans des périodes de stress et peuvent donc jouer un rôle chez les allergiques qui sont parfois émotivement ébranlés à cause de leur état.

L'«effet placébo»

L'«effet placébo» est reconnu en médecine conventionnelle et largement documenté. Il signifie que les gens se sentent mieux parce qu'ils s'attendent à se sentir mieux. Dans les essais pharmaceutiques, les patients prennent soit un médicament véritable, soit un placébo, semblable au médicament mais sans ingrédient actif, sans savoir lequel ils prennent. Un petit nombre, mais quand même significatif, manifeste l'effet placébo: les symptômes s'améliorent et la douleur s'amenuise, même sans traitement; ces gens se sentent mieux seulement parce qu'ils croient avoir pris le véritable médicament.

Certains praticiens traditionnels proclament que la majorité des bénéfices des thérapies complémentaires sont dus à l'effet placébo et que ce n'est pas une amélioration véritable; mais l'effet placébo a une valeur parce qu'il prouve que l'esprit est vraiment affecté par ce qui arrive au corps. Correctement canalisé, cet effet prouve que si l'esprit entrevoit dans une thérapie la possibilité d'une guérison, il y a plus de chance de succès. Quelle que soit la raison du succès, le résultat est positif.

La technique Alexander

Plutôt qu'une thérapie, cette technique vise à rétablir les positions normales du corps. Bien des gens, aux prises avec des problèmes chroniques, physiques ou émotifs, se sentent plus en santé et plus positifs après avoir avoir appris et pratiqué cette technique. Beaucoup d'individus négligent leur position assise ou debout, courbés au-dessus de leur pupitre ou écrasés devant la télévision. Les professeurs de la technique Alexander cherchent à corriger ces mauvaises habitudes. Ils évaluent la posture de la personne, sa façon de se déplacer, et par une manipulation douce, l'aident à améliorer sa posture en modifiant sa façon de se tenir, de marcher, de se lever ou de s'asseoir. On recommande deux sessions par semaine pendant la période d'apprentissage de la technique. Elle est douce, complètement inoffensive et améliore la fonction respiratoire, ce qui s'avère très utile aux patients asthmatiques.

Yoga

Le yoga est largement pratiqué dans le but de rester en forme et souple, mais son histoire très ancienne le présente comme un outil de méditation et de guérison. Originaire de l'Inde, il est pratiqué depuis plus de 5 000 ans et il consiste à réaliser une intégration physique et spirituelle en vue d'améliorer la santé générale et le bien-être. Plusieurs types de yoga existent et ils ont été adaptés à un usage occidental. Le yoga ne requiert pas un haut niveau de forme physique.

Figure 4. La position du lotus

Le yoga est thérapeutique pour un large éventail de problèmes physiques et émotionnels et agit à plusieurs niveaux. La tonicité des muscles aide le corps à retrouver son alignement correct et naturel, ce qui est utile dans les problèmes d'articulations douloureuses, comme les douleurs du cou, l'arthrite et le rhumatisme. Le profond état de détente que procure le yoga soulage du stress, de l'insomnie et de l'anxiété chez les patients allergiques ou souffrant d'intolérances. Puisque l'énergie peut circuler librement dans le corps, les désordres digestifs comme le syndrome du côlon irritable peuvent être évacués.

Les mouvements et postures du yoga sont accomplis lentement de façon délibérée, avec une respiration contrôlée, l'esprit et le corps du yogi étant concentrés dans une attitude méditative.

CHAPITRE 9

Diète et thérapie alimentaire

«Vous êtes ce que vous mangez»

Il est généralement admis que nous sommes vraiment «ce que nous mangeons». Notre diète a donc une influence directe non seulement sur le fait que nous aurons ou non des allergies et des intolérances, mais sur notre santé en général, surtout sur notre système immunitaire et sa capacité de combattre l'infection sans trop réagir aux autres substances. Nos nouvelles habitudes alimentaires, qui comprennent des fruits et des légumes exotiques ainsi que, des plats contenant des additifs et des produits chimiques, sont soupçonnées d'être la cause d'un certain nombre d'allergies et de problèmes connexes. On constate de plus en plus que les sensibilités alimentaires pourraient être responsables non seulement de certains problèmes physiques, mais aussi émotionnels, y compris l'hyperactivité chez les enfants et les comportements antisociaux voire criminels chez les adultes.

Plusieurs praticiens à la fois conventionnels et complémentaires croient que si l'on suit certains principes diététiques, tout en réduisant l'absorption de produits chimiques et autres irritants, le système immunitaire en sera stimulé et la santé améliorée.

Des différentes approches se détachent deux principes importants: nous devrions manger des produits «indigènes» — c'est-à-dire des aliments qui poussent dans notre partie du monde — et en saison. Par exemple, ceux qui vivent dans un climat froid ne sont pas faits pour manger des tomates en hiver, importées de l'autre bout du monde. Il est beaucoup mieux pour notre digestion de manger les légumes d'hiver, cultivés localement, comme les légumes à racines et à graines. En été, nous devrions passer aux légumes à salades.

Le Chapitre 4 a énuméré les premières étapes de l'identification de nos allergies ou intolérances alimentaires, mais on peut également consulter des spécialistes en médecine conventionnelle et complémentaire qui sont experts dans les allergies et intolérances alimentaires et connaissent le rôle préventif de la diète.

Ce que fera le thérapeute

Comme pour toute autre allergie, le thérapeute fera l'histoire de cas de votre problème et recueillera de l'information sur votre style de vie et votre état de santé général. Certains peuvent suggérer un jeûne de quelques jours, en buvant seulement de l'eau minérale pour «nettoyer» le système. Certaines personnes dont l'allergie alimentaire ou l'intolérance est grave pourront ressentir des symptômes de «sevrage» déplaisants à ce stade, ce qui pourrait signifier que dans leur diète régulière quelque chose est à la racine du problème. Souvent le symptôme de sevrage sera une poussée importante de symptômes, par exemple la migraine, des douleurs et des névralgies, des crampes, de la nausée, des frissons, de la transpiration ou des irruptions cutanées.

Ensuite, le thérapeute sera probablement capable d'apporter des précisions sur les aliments qui représentent un problème et suggérera un régime. Il y a une grande variété de diètes et le choix dépendra de votre praticien et des informations qu'il aura retenues sur ce que vous lui avez dit. Ne soyez pas désappointé si les premiers aliments à être coupés sont vos préférés, café ou chocolat, car tel qu'il fut dit précédemment, les aliments préférés peuvent fort bien être les plus nocifs pour vous (voir Chapitre 2).

Diètes éliminatoires

Elles sont préparées pour identifier les aliments auxquels vous êtes allergique ou intolérant et sont une version plus complète de ce que vous avez essayé à la maison par vous-même. Ici encore, l'objectif est de retirer les aliments suspects de la diète et de les réintégrer graduellement (le test du défi) pour constater s'il y a une réaction. Les diètes très sévères d'élimination ou d'exclusion devraient se faire seulement sous la supervision d'un médecin ou d'un thérapeute nutritionniste, de façon à s'assurer que vous n'êtes pas privé de nutriments importants. Il y a un certain nombre de principes différents en relation aux diètes éliminatoires et le choix de celles-ci dépend du thérapeute. Vous devrez tenir un journal des réactions suscitées par cette diète.

La diète éliminatoire consistera probablement en une courte liste d'aliments très fades, «sécuritaires» en apparence, auxquels on ajoutera les aliments à risque, un à la fois. Une version classique est la diète de «l'agneau et des poires», parce qu'ils en sont les principales composantes. La diète de l'«âge de pierre» exclut tous les aliments qui ont existé après l'âge de pierre, lorsque l'homme, devenu sédentaire, a commencé à cultiver. Cela semble réduit mais permet de manger de la viande fraîche (à l'exception du poulet), du poisson et tous les légumes. On élimine la consommation des graines, des produits laitiers, des fruits citrins, des sucres et des additifs. L'eau de source sert à boire et à la cuisson, car l'eau du robinet contient des produits chimiques et des additifs; les ustensiles et les chaudrons en aluminium sont abolis. La diète de l'âge de pierre est un régime nutritif suivi habituellement pendant dix jours pour «nettoyer le système» avant de commencer à tester les aliments en vue d'une réaction allergique.

Le défi

Lorsque le corps a été nettoyé et que plusieurs jours ont passé pour permettre aux aliments préalablement ingérés d'être éliminés, le thérapeute suggérera d'ajouter certains aliments problématiques à votre diète. Le retour des symptômes déjà subis indiquera que l'aliment déclencheur a été trouvé. Si les symptômes ne se manifestent pas, le thérapeute vous conseillera de remettre plus d'aliments dans votre diète et vous expliquera que faire si une réaction survient.

Diètes en rotation

Le principe de la rotation est que les aliments ne se répètent pas trop souvent, parce qu'on peut devenir sensible aux aliments que l'on mange régulièrement. Les diètes en rotation peuvent être suivies à la fois pour le diagnostic des allergies et des intolérances et pour leur traitement. Les aliments tolérés sont mangés à intervalles réguliers, soit de quatre à sept jours, et ne sont pas répétés dans l'intervalle. Ceci ne s'applique pas seulement aux aliments individuels, mais aux familles d'aliments parce que celles-ci, comme les grains et les produits laitiers, peuvent produire des réactions semblables. Une diète en rotation vraiment sévère ne doit être commencée que sous supervision médicale, mais le principe général qu'aucun aliment ne doit être mangé trop souvent est une bonne idée pour prévenir les allergies ou les intolérances futures.

Combinaisons alimentaires - le système Hay

C'est un système d'«aliments compatibles», mis au point par un médecin américain, William Hay, au début du siècle. Le docteur Hay décrivit l'allergie comme «un manque de résistance du corps à certains irritants, que ce soit la nourriture, les pollens, les protéines étrangères ou autres», mais souligna que «la cause était liée à l'individu et non à l'environnement». Ce système veut que les aliments de différents groupes ne soient pas mêlés et que les aliments raffinés et traités doivent être évités. Le résultat serait une modification de l'équilibre chimique du corps et la séparation des différents types d'aliments préviendrait la possibilité d'allergies causées par les protéines non complètement digérées.

Les trois groupes alimentaires principaux sont classés ainsi:

* Les aliments formant des alcalins — les fruits par exemple;
* Les protéines concentrées — les protéines animales trouvées dans le poisson, la viande et la volaille;
* Les hydrates de carbone concentrés — les féculents trouvés dans les grains, le pain et les céréales, les pommes de terre et les sucres.

Les protéines et les hydrates de carbone ne devraient pas être mangés au même repas, mais les aliments formant des alcalins peuvent être mangés à la fois avec les protéines ou les hydrates de carbone. Selon le système Hay, une diète équilibrée consiste en 20 pour cent d'aliments formant des acides (protéines ou hydrates de carbone) et 80 pour cent d'aliments formant des alcalins.

Vitamines et minéraux

Certaines personnes ayant une tendance aux allergies et aux intolérances peuvent avoir une déficience (manque) de certaines vitamines et de minéraux. Or, si ces derniers sont augmentés, les symptômes peuvent s'améliorer et les crises futures réduites. Ceci peut se faire en mangeant plus d'aliments qui contiennent des vitamines et des oligo-éléments ou en enrichissant la diète avec des vitamines en capsules. À cause des façons de cultiver, de cueillir d'emmagasiner et de cuire nos aliments, une bonne partie de leur éléments «nutritifs» est perdue, alors les suppléments peuvent être nécessaires.

Chez beaucoup de personnes allergiques on trouve un manque de magnésium. En augmentant le magnésium on améliore les nerfs et les muscles: on renforce donc les muscles des voies respiratoires chez les asthmatiques. Les suppléments de zinc sont très importants dans les cas d'eczéma. Ils sont aussi impliqués dans la conversion des acides gras essentiels (on en parle dans L'huile d'onagre, plus bas) et aident le corps à accomplir cette conversion plus efficacement. Les antioxidants comme les vitamines A, C, E, la bêta-carotène, les minéraux sélénium et zinc améliorent plusieurs symptômes en libérant le corps de ses toxines et en stimulant le système immunitaire. Les déficiences en vitamine C sont fréquentes et corriger cet état est important pour tous les types d'allergies.

Les bioflavonoïdes comme le quercetin, trouvés dans plusieurs légumes verts, augmentent l'effet de la vitamine C et aident à contrôler les processus inflammatoires qui prennent place dans plusieurs réactions allergiques.

Les vitamines B, surtout la B6 et la B12, contribuent à soulager l'asthme, les allergies et les intolérances alimentaires.

Une consultation avec un nutritionniste vous aidera à décider quels aliments et suppléments conviennent à votre état. Certains peuvent prescrire des doses très fortes de vitamines et de minéraux parce qu'ils croient que l'effet sera plus rapide.

L'huile d'onagre

L'huile d'onagre a reçu beaucoup de publicité ces dernières années à cause de son effet positif sur plusieurs maladies, y compris l'eczéma.

L'huile d'onagre contient un acide gras essentiel appelé l'acide gamma linoléique (AGL). Même si l'AGL est essentiel, le corps ne peut pas en fabriquer et il doit être absorbé au moyen des aliments, surtout les produits laitiers et les huiles de noix. Les eczémateux semblent avoir de la difficulté à convertir leurs aliments en AGL, alors en prenant de l'huile d'onagre, on compense la difficulté de conversion. Les essais ont montré qu'elle réduit les démangeaisons et la sécheresse de la peau et diminue le besoin en stéroïdes et autres traitements.

L'huile d'onagre ne fonctionne pas pour tous et doit être prise pendant plusieurs mois, à forte dose (ce qui veut dire plusieurs capsules par jour), avant d'avoir un effet.

La demande a tellement augmenté que certains produits non vérifiés et communs ont envahi le marché. Il vaut la peine de payer plus pour un bon produit d'un manufacturier sérieux, autrement c'est du temps et de l'argent perdus.

Naturopathie

La naturopathie, connue aussi comme «médecine naturelle», est une spécialité formelle qui regroupe un certain nombre d'autres thérapies, comme l'hydrothérapie, l'ostéopathie, l'acupuncture, l'herborisme ou l'homéopathie. Elle est pratiquée par des docteurs en naturopathie qualifiés aux États-Unis et elle s'adresse autant à l'esprit qu'aux émotions. Le principe majeur de la naturopathie est que le corps a le pouvoir de se guérir lui-même, ce qui fait que le traitement devrait aider le corps à identifier les causes sous-jacentes des symptômes pour qu'il se libère des toxines. Pour réaliser ceci le corps a besoin des éléments suivants:

* Air propre
* Eau propre
* Aliments propres cultivés dans une bonne terre
* Exercices et «vie équilibrée»

Les naturopathes voient en toute maladie ou allergie le signe que le corps s'attaque aux toxines et essaie de les éliminer. Pour cette raison, ils sont contre la suppression des symptômes, par exemple l'emploi des antihistaminiques pour combattre la fièvre des foins, parce que les éternuements et le nez qui coule sont des moyens par lesquels le corps se débarrasse de la substance à problème.

Les naturopathes recommandent à leurs patients d'éviter les stimulants alimentaires, de réduire leur ingestion d'aliments transformés et raffinés, d'augmenter leur apport en fruits et légumes crus et de se détendre régulièrement. Les diètes mentionnées ci-dessus, surtout la diète Hay, sont recommandées de même qu'un certain jeûne. Cela ne signifie pas souffrir de la faim, seulement éviter les aliments solides. Pour les naturopathes le jeûne est une façon de nettoyer le système et de donner un repos au système digestif.

Si possible, les légumes doivent être organiques et cuits dans très peu d'eau pour conserver leur valeur nutritive. Les légumes et les fruits doivent être consommés crus plutôt que cuits. On recommande des vitamines et des minéraux comme suppléments à la diète.

La naturopathie comprend des approches variées simultanées; ainsi, en plus des changements diététiques, on pourra concentrer sur la respiration et les exercices de détente, l'emploi des purificateurs d'air, le recours à l'acupuncture (voir page 99) ou à l'hydrothérapie, soit la guérison par l'eau. Ceci peut se faire en buvant de l'eau de source ou par des bains, des douches ou des exercices dans l'eau.

Médecine nutritionnelle

La thérapie nutritionnelle est fondée sur la prémisse que plusieurs maladies chroniques et à long terme, y compris les allergies et les intolérances, sont causées ou encouragées par trois facteurs principaux:

- Allergie ou intolérance aux aliments ou à l'environnement
- Manque d'aliments crus dont le corps a besoin pour le maintien de plusieurs fonctions vitales. Ceci peut être causé par une diète déficiente, une fonction digestive perturbée, une absorption incomplète, par exemple à cause d'une inflammation intestinale ou de la mauvaise assimilation des nutriments
- Une présence excessive dans le corps de substances qui bloquent les fonctions métaboliques vitales. Ce peut être des aliments ou des facteurs environnementaux qui produisent des réactions négatives chez certaines personnes, par exemple, la mite de poussière domestique ou le pollen; ou des substances toxiques comme le plomb, le mercure, le cadmium, la médication et les polluants.

Les thérapeutes nutritionnistes cherchent à trouver la présence d'un ou de plusieurs de ces facteurs en analysant les symptômes, en procédant à des tests de peau ou de sang, et en utilisant des diètes diagnostiques, comme les diètes éliminatoires expliquées plus haut. Après avoir trouvé la cause du problème, le thérapeute nutritionniste pourra recommander une courte période de jeûne en permettant seulement des jus de fruits et de légumes ou certains fruits. Le corps pourra alors se débarrasser de ses toxines et le système digestif se reposer. Une diète spéciale sera proposée, soit un régime hypoallergène, rotatif ou alcalin. La diète pourra être végétarienne (pas de viande, de poisson ou de volaille, mais comprenant des oeufs et des produits laitiers), végétalienne (aucun produit animal) ou un des systèmes mentionnés plus haut. Des produits à base de plantes ou des suppléments alimentaires pourront être prescrits. Les thérapeutes nutritionnistes emploient souvent des suppléments alimentaires très puissants.

Écologie clinique

L'écologie clinique est aussi connue comme la médecine environnementale. Elle s'appuie sur le principe que l'environnement affecte la santé des gens et que les stress environnementaux comme la pollution, les produits chimiques, les pesticides et ainsi de suite, affaiblissent le système immunitaire, le rendant vulnérable aux allergies, sensibilités et autres maladies. Les écologistes cliniques évaluent que 10 à 30 pour cent des gens souffrent d'une maladie générée par l'environnement.

En plus de recommander aux allergiques de réduire le plus possible leur exposition aux polluants et aux produits chimiques, les écologistes cliniques concentrent leur attention sur les aliments, source de plusieurs produits chimiques sous forme de pesticides, de fertilisants, d'antibiotiques (chez les animaux), ainsi que sur les procédés de transformation, de préservation et de cuisson, particulièrement dans l'eau chlorée du robinet et dans des chaudrons d'aluminium. Comme une grande partie de la diète actuelle tombe dans une de ces catégories, les éviter toutes conduirait à de graves déficiences nutritionnelles.

Des recommandations diététiques, comme celles mentionnées plus haut, seront faites et l'écologiste pourra suggérer la désensibilisation du patient. Ce pourra être une désensibilisation homéopathique (voir page 108) ou une désensibilisation potentialisée aux enzymes (voir page 79).

Détoxication

Certains chercheurs américains estiment que 25 pour cent de la population américaine souffre, à des degrés divers, d'empoisonnement aux métaux lourds. La bonne santé dépend de l'habileté du corps à se détoxifier et les personnes ayant des tendances allergiques ont en elles des niveaux plus élevés que normal de métaux, surtout du plomb et du cadmium, ce qui signifie que leur corps ne peut s'en débarrasser efficacement. Il pourra être nécessaire de suivre un programme de détoxication dans un centre spécialisé en allergies, avant de commencer une diète particulière. Il pourra comprendre une courte période de jeûne (qui ne signifie pas souffrir de faim, voir Naturopathie plus haut), boire seulement de l'eau minérale et l'emploi d'un supplément vitaminique, surtout la vitamine C, qui stimule le foie et l'aide à éliminer les toxines du sang.

Sels biochimiques des tissus

Les sels biochimiques des tissus, comme certains composés de potassium, de calcium, de fer ou de sodium, jouent un rôle dans le maintien de l'équilibre minéral du corps. Tout comme les remèdes homéopathiques, ils sont fabriqués de façon très diluée, sont non toxiques et sans danger, excepté pour ceux ayant une intolérance au lactose. On les trouve en petites pilules. Ces sels minéraux sont parfois recommandés par les thérapeutes naturistes comme faisant partie d'un programme de nutrition et ils sont disponibles dans les magasins d'aliments naturels pour ceux qui veulent se soigner eux-mêmes.

CHAPITRE 10

Comment trouver
et choisir un praticien

Trucs et lignes de conduite
afin de trouver de l'aide fiable

Même si les médecines naturelles ont gagné en popularité dans les pays occidentaux ces dernières années, il n'est pas toujours facile de trouver le bon thérapeute pour des problèmes particuliers. Lorsqu'une thérapie spécifique est choisie, il n'y a pas de mécanisme comme en médecine convention- nelle pour diriger la personne vers la bonne ressource. Ceci exige plus de démarches autonomes de la part de la personne qui devra trouver le bon thérapeute, vérifier son expérience et sa capacité à bien traiter ses patients.

Il suffit souvent de s'informer pour trouver le bon praticien, en quelque discipline que ce soit. Une recommandation personnelle d'une personne connue est la meilleure façon de commencer; c'est encore mieux si cette personne a souffert des mêmes problèmes que l'on cherche à surmonter et que sa thérapie fut fructueuse. Si la personne en quête de soins fait partie d'un groupe de soutien pour sa maladie, elle trouvera là d'autres membres qui ont essayé les techniques naturelles. L'allergie et l'in- tolérance sont actuellement «à la mode» et plusieurs magazines présentent des articles sur les plus récents traitements. Une précaution s'impose cependant: ce n'est pas parce qu'une certaine thérapie a libéré quelqu'un de sa fièvre des foins ou de son eczéma qu'elle sera efficace sur une autre personne. Comme ce volume le démontre, l'individualisme est important en médecine naturelle et l'insuccès ne signifie pas nécessairement que la thérapie ou le thérapeute sont inadéquats. Parce qu'il y a presque autant d'allergies et d'intolérances que de souffrants, ces problèmes sont difficiles à diagnostiquer et à régler. Il est parfois nécessaire d'essayer plus d'une approche avant d'en trouver une qui réussisse dans une situation donnée.

Si vous ne connaissez personne qui a consulté un praticien, renseignez-vous auprès de vos connaissances, de vos amis, de vos voisins et compagnons de travail. En fin de compte, vous pouvez vous renseigner auprès de votre médecin de famille. Ce ne sont pas tous les médecins et leur personnel qui vous aideront et si tout ce que vous en tirez sont des mises en garde, ignorez-les. Toutefois, de plus en plus de médecins ont l'esprit ouvert à ces demandes maintenant. Plusieurs y ont leurs propres champs d'intérêts et peuvent être eux-mêmes formés aux thérapies naturelles. En Grande-Bretagne par exemple, près de 40 pour cent des médecins ont une certaine formation en thérapies alternatives comme l'homéopathie et l'acupuncture. Certaines cliniques ont des thérapeutes naturistes travaillant sur les lieux et dans certains pays, les consultations sont payées par le service de santé national.

Même les cliniques qui ne connaissent pas bien la médecine alternative peuvent être au courant des thérapeutes naturistes travaillant dans le quartier, ne serait-ce que parce que leurs patients ont parlé de traitements fructueux; ils peuvent vous donner les noms de ceux qui sont les plus connus, même s'ils n'en recommanderont pas un en particulier. Les plus grandes villes ont souvent un centre de santé naturelle dont les praticiens exercent des disciplines variées. Puisque les thérapeutes se connaissent entre eux, si le genre de thérapie que vous recherchez ne s'y trouve pas, on pourra sûrement vous indiquer où vous diriger. D'autres sources d'information sont les bibliothèques et les magasins d'aliments naturels où les noms de thérapeutes compétents circulent. Une fois de plus, si l'on vous recommande un autre type de thérapie, demandez au thérapeute s'il peut vous indiquer une personne qui pratique la thérapie que vous recherchez.

Les organisations nationales, appelées organisa-tions «parapluie», qui représentent un certain nombre de médecines naturelles, peuvent vous fournir une liste des praticiens enregistrés et approuvés ainsi que de l'information sur leurs disci-plines. Les associations nationales ou locales impliquées dans l'allergie, l'asthme, l'eczéma et autres peuvent vous renseigner.

Choisir un thérapeute

Avec de la chance, vous trouverez par recom-mandation personnelle un thérapeute avec lequel vous vous sentirez à l'aise. Sinon, vous devrez faire plus de recherches en vous rappelant certains points importants.

La plupart des thérapeutes sont bien formés, sensibles et compétents, mais il est facile pour les

escrocs et les charlatans ayant peu ou aucune formation d'ouvrir un bureau. Un rapport de l'Association
médicale britannique publié en 1993 recommandait
aux personnes cherchant un thérapeute naturiste de
poser les questions suivantes:

- Quelle est la formation et la compétence du
  thérapeute?
- Depuis combien de temps pratique-t-il?
- Appartient-il à une association professionnelle
  reconnue possédant un code d'éthique?
- A-t-il une assurance d'indemnité professionnelle?

Ne soyez pas gêné de poser ces questions en
prenant rendez-vous. Un thérapeute compétent s'at-
tend à ces questions et vous devriez rester loin de
celui qui semble vague et ambivalent dans ses
réponses. Il faut aussi se méfier de celui qui a seulement suivi un cours de fin de semaine dans la
thérapie qu'il offre.

Vérifier les organisations professionnelles

Si le thérapeute appartient à un organisme professionnel, c'est une bonne idée d'obtenir plus d'information sur cet organisme. Certains de ceux-ci
vérifient leurs membres alors que d'autres s'in-
téressent seulement à ramasser les cotisations
annuelles pour se donner une crédibilité. Les questions à poser au thérapeute sont les suivantes:

- Quand l'organisme fut-il fondé et pourquoi? S'il
  est nouveau ne le rejetez pas d'emblée.
- Combien de membres y sont inscrits?
- Est-ce que le recrutement se fait au niveau
  national? Les groupes existant depuis 50 ans et
  ayant beaucoup de membres sont mieux organisés

et ont une meilleure structure de soutien qu'un organisme qui fut mis sur pied la semaine dernière dans le salon de quelqu'un. Par ailleurs, les groupes récents peuvent être innovateurs, au fait de la recherche récente et très enthousiastes.

- Fait-il partie d'un plus grand réseau d'organisations professionnelles? Les organismes représentant des thérapies importantes font souvent partie d'une organisation parapluie qui promouvoit les buts et les objectifs de la médecine naturelle en général. Les groupes qui fonctionnent en vase clos auront moins tendance à adhérer à des standards professionnels et éthiques reconnus.

- Accepte-t-il seulement des membres dont les compétences sont reconnues? Si oui, quelles sont ces compétences? (Voir ci-dessous les questions à poser.) Les organismes professionnels importants peuvent être reliés à des écoles de formation de thérapeutes ou établir les standards de formation. Cependant, il faut se méfier des organisations dont les dirigeants sont associés de près à une école ou un collège en particulier, leurs critères de compétence pourraient ne pas être entièrement objectifs.

- A-t-il un code d'éthique, une liste de standards, un mécanisme de dépôt des plaintes et une procédure disciplinaire pour les membres qui faillissent aux normes?

- Est-ce un organisme de charité, d'éducation ou une compagnie privée? Les organismes de charité devraient promouvoir la thérapie et les intérêts du public dans la prestation de services d'une façon non lucrative. Les compagnies privées sont en général plus intéressées aux profits financiers.

- Les membres sont-ils couverts par une assurance d'indemnité professionnelle contre les accidents et les erreurs de pratique? Ceci est important au plan professionnel et vise la sauvegarde et la préoccupation du bien-être du patient.

Vérifier la formation et la compétence

Pour connaître plus de détails sur la compétence du thérapeute des questions supplémentaires doivent être posées. Les initiales après son nom signifient-t-elles seulement qu'il appartient à un organisme ou représentent-elles des études approfondies? L'organisme en question peut donner cette information et la liste des compétences reconnues ou sinon le thérapeute pourra fournir un feuillet explicatif. Si rien de ceci n'est disponible, vous devrez poser les questions suivantes:

- Combien de temps dure la formation?
- Est-ce à temps complet ou partiel? Si c'est à temps partiel, la formation totale équivaut-elle aux études à plein temps ou est-ce un raccourci?
- La visite des patients sous supervision fait-elle partie du curriculum? Des compétences purement théoriques ne prouvent pas l'habileté de la personne à traiter des patients et n'indiquent pas que le thérapeute a reçu une formation substantielle.
- La formation est-elle reconnue? Si oui, par qui? Il est important de savoir si la formation est reconnue par une autorité indépendante, pas seulement par l'école ou le collège qui assure cette formation.

Faire un choix

Après avoir recueilli toute l'information sur les antécédents du thérapeute, le choix final se fait par intuition et par essai. Un bureau luxueux peut indiquer que le thérapeute est populaire et financièrement à l'aise, mais ne présume en rien de sa capacité professionnelle. Si l'endroit ne vous convient pas ou que le thérapeute ou son personnel vous laissent mal à l'aise, laissez-vous guider par votre intuition; ne vous gênez pas d'annuler un rendez-vous ou même de partir, si vous ne vous sentez pas bien avec la personne, le lieu ou le traitement.

Précautions

Si vous devez vous dévêtir pour la thérapie sentez-vous à l'aise de demander la présence de quelqu'un du même sexe, si ceci vous rassure. Si le thérapeute refuse, vous devriez partir. Il va sans dire que toute avance sexuelle faite par le thérapeute est un manque à l'éthique, et si quelque chose vous rend mal à l'aise, partez à l'instant. Si le thérapeute veut toucher vos seins ou vos organes génitaux, ils doit vous le demander en premier.

N'abandonnez pas brusquement un traitement avec un médicament conventionnel sans en avoir parlé d'abord à votre médecin de famille. Méfiez-vous si l'on ne vous interroge pas sur les médicaments que vous prenez ou si le thérapeute vous demande de cesser la médication prescrite par votre médecin. Certains médicaments, comme les stéroïdes dans le traitement de l'asthme, peuvent être essentiels à la vie et ne doivent certainement pas être interrompus soudainement. Des thérapeutes sérieux et les médecins de famille devraient être heureux de discuter entre eux de votre problème et de votre médication.

La profession médicale a particulièrement critiqué les recommandations très sévères de certains thérapeutes à propos des diètes d'exclusion restrictives qui, dans certains cas, ont amené des carences nutritives importantes chez les patients. Méfiez-vous si le praticien suggère une vaste liste d'aliments possiblement nocifs et vous demande de les abandonner tous en même temps. Ce n'est peut-être pas nécessaire et possiblement dangereux. Si votre expérience vous dit que vous n'avez jamais eu de problème avec ces aliments, vous ne devriez pas les éliminer tous en même temps. Parfois, un test sanguin indiquera que vous avez des anticorps à une certaine substance à votre insu. Si ces anticorps ne vous ont jamais causé de réaction allergique, vous n'avez pas à vous mettre en peine pour éviter ces substances.

Si l'on vous demande de payer à l'avance les tests d'allergie et les traitements, demandez pourquoi. Bien entendu, dans les cliniques achalandées, vous devrez réserver des rendez-vous à l'avance et le thérapeute pourra indiquer un certain nombre de séances nécessaires; vous devriez pouvoir annuler, sans frais, les séances qui ne sont pas nécessaires en autant que vous préveniez suffisamment à l'avance. Occasionnellement, le thérapeute pourra demander un paiement à l'avance pour des tests et des médicaments spéciaux, mais vérifiez bien ce que c'est et demandez un reçu détaillé.

Méfiez-vous de quelqu'un qui «garantit» les résultats du traitement. C'est impossible.

Que faire si les choses tournent mal

La raison la plus fréquente de l'absence de satisfaction à propos d'un thérapeute, c'est l'incapacité du traitement à améliorer l'état de la personne. Si cela arrive, il faut vous demander si vous avez donné sa chance au traitement. Y êtes-vous allé avec une attitude positive? Avez-vous suivi toutes les recommandations? Y êtes-vous allé suffisamment longtemps? Plusieurs thérapies naturelles prennent du temps à agir et certaines vous font du mal avant de vous faire du bien.

Ensuite, sentiez-vous que le thérapeute essayait vraiment de vous aider? Aucune thérapie, conventionnelle ou autre, ne peut garantir le succès. Il faut se rappeler que l'allergie ou l'intolérance est un problème individuel complexe et que les thérapies fonctionnent à un niveau individuel, ce qui fait qu'une thérapie efficace pour une personne, ne le sera pas pour une autre. Cependant, si vous sentez que le thérapeute est incompétent, qu'il vous a causé du tort, qu'il a pris des risques ou qu'il a manqué de professionnalisme ou d'éthique, que le traitement ait réussi ou non, vous devriez agir, ne serait-ce que pour protéger de futurs patients.

Discutez de vos préoccupations avec le thérapeute si vous pensez pouvoir le faire; il peut ignorer le problème et accepter de le rectifier si on lui en parle. Si le thérapeute travaille dans un centre ou une clinique, vous préférerez peut-être en parler à la direction qui se doit d'y voir sérieusement et discrètement. Si ceci ne règle pas le problème, dénoncez le praticien à son ordre professionnel. C'est pourquoi il est important de choisir un praticien qui est membre d'un ordre professionnel possédant un code d'éthique, bien qu'en Grande-Bretagne la majorité de ces organismes ont peu de pouvoir de réglementation et ne peuvent empêcher quelqu'un de pratiquer, même s'ils peuvent expulser le praticien de l'organisme.

Faites part de vos préoccupations à la personne qui vous a recommandé le thérapeute et à quiconque pourrait être affecté par sa pratique. En fin de compte, la mauvaise publicité peut être la meilleure des sanctions, mais soyez prudent: pensez à votre plainte avec soin et tentez d'autres approches d'abord, car des accusations sans fondement peuvent vous amener en cour.

Si vous croyez avoir droit à une compensation, vous aurez besoin d'un avocat et des conseils d'une association des droits des consommateurs ou des citoyens en vue de la poursuite du thérapeute; soyez prêt à assumer des coûts élevés. Si une action doit être intentée au criminel, voyez d'abord la police.

Conclusion

En dépit du scandale occasionnel, la majorité des thérapeutes naturistes sont des professionnels dévoués et fiables, qui ont investi beaucoup de temps et d'argent dans leur formation et dans leur pratique. Plusieurs passent autant de temps à leur formation que les médecins conventionnels, avec autant d'énergie, même s'ils ne sont pas aussi bien rémunérés.

Comme patient, vous avez l'obligation de choisir avec soin votre thérapeute et d'en savoir autant que possible sur lui avant de commencer. Ce n'est pas mauvais. Prendre la responsabilité de votre propre santé, trouver le bon thérapeute et être impliqué dans votre traitement constituent une étape importante du processus de guérison. Bien entendu, c'est à vous de décider si le traitement vous fait du bien et si vous voulez continuer. Sinon, ne perdez pas confiance, un autre genre de traitement pourra accomplir des miracles. Avec l'allergie ou l'intolérance, il n'y a pas de réponse catégorique qui serait la même pour chaque personne. Il est important de choisir une thérapie et un praticien qui vous conviennent, ainsi qu'à votre style de vie. Même si votre allergie ou votre intolérance ne peut être réglée rapidement, plusieurs options sont possibles pour diminuer les symptômes, stimuler votre système immunitaire et vous aider à vous sentir en meilleure santé et plus détendu.

Glossaire

Aigu, Aiguë   Immédiat, court et sérieux, par exemple, une réaction qui survient tout de suite après l'exposition à l'allergène

Allergène   Substance qui cause une réaction allergique

Allergie   Une réaction excessive du système immunitaire à une substance qui n'est pas normalement dangereuse

Anaphylaxie   Réaction allergique extrême qui implique le corps entier et peut menacer la vie

Antigène   Une substance externe qui envahit le corps et provoque une réaction du système immunitaire

Antihistaminique   Un médicament qui arrête la production d'histamine produite pendant une réaction allergique

Atopique   Une prédisposition héréditaire à l'allergie

Défi   Réintroduire un aliment suspect dans la diète après une période d'abstinence pour vérifier s'il cause une réaction

Chronique   À long terme, par exemple un problème qui dure, causé par une allergie

Corticostéroïdes   Médicament anti-inflammatoire employé dans les allergies graves, par exemple l'asthme ou l'eczéma, pour prévenir les crises

Histamine   Produits chimiques libérés par les leucocytes dans une réaction allergique, causant de l'enflure et des démangeaisons

Holistique   Prendre en considération la personne entière, c'est-à-dire l'intelligence, le corps et l'esprit

Hypersensible   Allergique

Système immunitaire   Le mécanisme de défense du corps contre la maladie et l'infection

Immunoglobuline   Un groupe de protéines formé pour réagir aux substances externes envahissantes

Immunothérapie/ Désensibilisation   Traitement par la vaccination de doses toujours plus grandes d'un allergène pour réduire la sensibilité du corps ou l'allergie

Leucocytes   Cellules qui deviennent actives dans une réaction allergique, libérant des produits chimiques qui causent des symptômes (voir Histamine ci-dessus)

Neutralisation   Traitement par vaccination de dilutions toujours plus faibles d'un allergène qui réduit la sensibilité

Rhinite   Inflammation du nez, de la gorge et des yeux en réponse à un allergène; la fièvre des foins est une rhinite allergique saisonnière

Sensibilisation La première exposition à un allergène, qui incite le système immunitaire à produire une réponse immunitaire lorsque l'allergène revient

Topique Sur le lieu du problème; local

Urticaire Éruption, réaction cutanée causée par l'allergie

Adresses utiles

La liste d'organisations qui suit n'est que pour fins informatives et n'implique aucun endossement de notre part, ni ne signifie que ces organisations assument les points de vue exprimés dans cet ouvrage.

CANADA

Société canadienne d'allergie et d'immunologie clinique
202, rue St-Clair ouest
Toronto (Ontario)
Canada M4V 1R2
Tél: (416) 923-4348

Association médicale holistique canadienne
700, rue Bay
P.O. Box 101, suite 604
Toronto (Ontario)
Canada M5G 1Z6
Tél: (416) 599-0447

Association chiropractique canadienne
1396, ave Eglinton ouest
Toronto (Ontario)
Canada M6C 2E4
Tél: (416) 781-5656

QUÉBEC

Association de l'information sur l'allergie et l'asthme au Québec
172, rue Andover
Beaconsfield (Québec)
Canada
Tél: (514) 694-0679

Association pulmonaire du Québec
4837, rue Boyer, bureau 100
Montréal (Québec)
Canada H2J 3E6
Tél: (514) 596-0805

Corporation des praticiens en médecines douces du Québec
5110, rue Perron
Pierrefonds (Québec)
Canada H8Z 2J4
Tél: (514) 634-0898

**Association des
chiropraticiens du Québec**
7960, boul. Métropolitain est
Anjou (Québec)
Canada H1K 1A1
Tél: (514) 355-0557

**Association professionnelle
des acupuncteurs du
Québec**
4822, Christophe Colomb
Montréal (Québec)
Canada H2J 3G9
Tél: (514) 982-6567

FRANCE

**Fédération nationale de
médecine traditionnelle
chinoise**
73, boul. de la République
06000 Cannes
France
Tél: 04.93.68.19.33

**Association Zen
internationale**
17, rue Keller
75011 Paris
France
Tél: (1) 48.05.47.43

**Association française de
chiropractie**
102, rue du Docteur
Ruichard
49000 Angers
France
Tél: 33 (2) 41.68.04.04

BELGIQUE

**Union belge des
chiropractors**
avenue Ferdauci, 30
1020 Bruxelles
Belgique
Tél: 345-15-27

SUISSE

**Association suisse
des chiropraticiens**
38, Sulgenauweg
3007 Berne
Suisse
Tél: 031 450 301

INTERNATIONAL

**Organisation médicale
homéopathique
internationale**
B.P. 77
69530 Brignais
France

Index